Die 50 wichtigsten Fragen

Friedrich
der Große

Die **50** wichtigsten Fragen

Friedrich
der Große

Frank Pergande

Die 50 wichtigsten Fragen

1. Wie kam Preußen zu seinem Namen? — 12
2. Was wollten die Hohenzollern in Brandenburg? — 16
3. Weshalb spielte die Armee in Preußen so eine große Rolle? — 18
4. Was hat es mit der Leidenschaft des Soldatenkönigs für die Langen Kerls auf sich? — 22
5. Was besagt Friedrichs berühmte Randnotiz über die Religionsfreiheit? — 24
6. Wie wurde Berlin zu einem bedeutenden kulturellen Zentrum? — 26
7. Woher kommt das Sprichwort »So schnell schießen die Preußen nicht«? — 28
8. War Friedrich der Große groß? — 30
9. Wie kam es zu dem legendären Vater-Sohn-Konflikt? — 34
10. Weshalb nahm der Fluchtversuch Friedrichs vor seinem Vater ein so bitteres Ende? — 38
11. Weshalb unterwarf sich Friedrich schließlich seinem strengen Vater? — 40
12. Wer waren die Geschwister Friedrichs II.? — 42
13. Wie war es um Friedrichs Qualitäten als Ehemann bestellt? — 44
14. Weshalb ließ Friedrich sich eine Pforte in die Neuruppiner Stadtmauer brechen? — 46
15. Stimmt es, wenn Friedrich sagt, er sei nur in Rheinsberg glücklich gewesen? — 48
16. Was verband Friedrich mit Voltaire? — 52
17. Weshalb schrieb Friedrich seinen *Antimachiavell*? — 56
18. Welches Musikinstrument beherrschte Friedrich ausgezeichnet? — 58
19. Friedrich nannte sich Philosoph. War er tatsächlich einer? — 60
20. Was hielt Friedrich von seinem Zeitgenossen Goethe? — 62
21. War Friedrich der Große schwul? — 64
22. War Friedrich ein ansehnlicher Mann? — 68
23. War Friedrich der Große eitel? — 70
24. Preußische Sparsamkeit: War Friedrich geizig? — 72
25. War Friedrich ein erfolgreicher und begabter Feldherr? — 74
26. Weshalb gab es zwei Schlesische Kriege? — 78
27. Welche Nationen waren vom Siebenjährigen Krieg betroffen? — 82
28. Trägt Friedrich Schuld am Siebenjährigen Krieg? — 86

Friedrich der Große

29 War Friedrich der Große König der Falschmünzer? 88

30 Weshalb beteiligte sich Friedrich an der Teilung Polens? 90

31 Wurde der Kartoffelkrieg tatsächlich um Erdäpfel geführt? 92

32 Welche Provinz eroberte Friedrich der Große im Frieden? 94

33 Weshalb schloss Friedrich mit Amerika einen Staatsvertrag? 96

34 Wahrheit oder Legende: Verbot Friedrich seinem Koch wirklich den Wein? 100

35 Waren Teltower Rübchen nach des Königs Geschmack? 102

36 Lag Friedrich richtig, als er dem Müller Arnold aus Pommerzig recht gab? 104

37 Welchen Namen gab der König seinem Schloss auf dem Weinberg? 108

38 Weshalb baute Friedrich das Neue Palais? 110

39 Mit wem pflegte Friedrich zu tafeln? 112

40 Wie preußisch war Friedrichs Alltag? 116

41 Welches Rätsel gibt Friedrich den Historikern noch heute auf? 118

42 War Friedrich der Große ein zynischer Mensch? 120

43 Was trug Friedrich in einer goldenen Dose immer bei sich? 122

44 Mit wem wollte Friedrich begraben werden? 126

45 Weshalb fand Friedrich erst zwei Jahrhunderte nach seinem Tod seine letzte Ruhe? 128

46 Weshalb gleicht Friedrichs Grab oftmals einem Kartoffelacker? 130

47 Friedrich der Große – und wer kam danach? 132

48 Was hat das Attentat auf Adolf Hitler am 20. Juli 1944 mit Preußen zu tun? 134

49 Weshalb reitet Friedrich seit 1980 wieder Unter den Linden in Berlin? 136

50 Auf welche Weise prägt Friedrich noch heute unseren Alltag? 138

1 Wie kam Preußen zu seinem Namen?

Der Name kommt von der Provinz Preußen her. Dort siedelte ursprünglich der baltische Stamm der Pruzzen, der vom Deutschen Ritterorden unterworfen wurde. Nach dem Niedergang des Ordens fiel Preußen den Hohenzollern zu. Der Provinzname wurde schließlich allgemeingültig.

Porträt Friedrichs II., 1739–1740, von Antoine Pesne

Das Königreich Preußen wurde am 18. Januar 1701 gegründet. An diesem Tag krönte sich der brandenburgische Kurfürst Friedrich III. (1657–1713) im Dom zu Königsberg zum König. Als solcher begann er mit der Zählung von neuem und nannte sich fortan Friedrich I. Nach seinem Selbstverständnis brauchte er dafür keine Kirche und kein Gottesgnadentum. Fortan war er »König in Preußen«. Das »in« war wichtig, weil Westpreußen damals zu Polen gehörte und der polnische König damals und noch für einige Jahrzehnte den Titel eines Königs von Preußen beanspruchte. Dennoch sprach man bald schon allgemein vom Roi de Prusse. Offiziell erster König von Preußen war Friedrichs Enkel, aber auch erst seit 1772: Friedrich II. (1712–1786).

Als politische Größe ging Preußen am 23. Februar 1947 unter, als die Alliierten ein Gesetz veröffentlichten, in dem Preußen als »Träger des Militarismus und der Reaktion in Deutschland« bezeichnet und aufgelöst wurde. De facto war es mit Preußen aber schon in der Zeit des Nationalsozialismus vorbei – eigentlich sogar schon 1932, als Reichskanzler Franz von Papen (1879–1969) die letzte rechtmäßige preußische Regierung absetzte und der »Freistaat Preußen« unter die Kontrolle der Reichsregierung kam.

Vielleicht aber fand Preußen sein Ende schon 1871, als König Wilhelm I. (1797–1888) in Versailles zum Kaiser erhoben wurde. Mit einigem Recht könnte man aber ebenso das Ende Preußens auf Ende 1918 datieren, als Kaiser Wilhelm II. (1859–1941) abdankte – auch als König von Preußen.

Preußisches Kernland ist die Mark Brandenburg, die »Streusandbüchse« des Heiligen Römischen Reichs, wie gespottet wurde. Der Name aber kommt von einer entfernten östlichen Provinz im Baltikum und geht auf das Mittelalter zurück. Es war ein Pole, Herzog Konrad von Masowien (1187/88–1247), der 1226 den Deutschen Ritterorden ins Land rief. Er gab den Rittern das Kulmer Land und verband damit den Auftrag, den baltischen Stamm der Pruzzen, ein besonders kriegerisches Volk, zu unterwerfen und zu missionieren. Der Ritterorden gründete schließlich seinen eigenen Staat, der eine Art Musterstaat wurde. Aus Pruzzen wurde Preußen.

> »Das ist der traurigste Tag meines Lebens.« Der preußische König Wilhelm I. kurz vor der Kaiserkrönung am 18. Januar 1871 im Spiegelsaal des Schlosses von Versailles, auf den Tag genau 170 Jahre nach der Gründung Preußens

Wie kam Preußen zu seinem Namen?

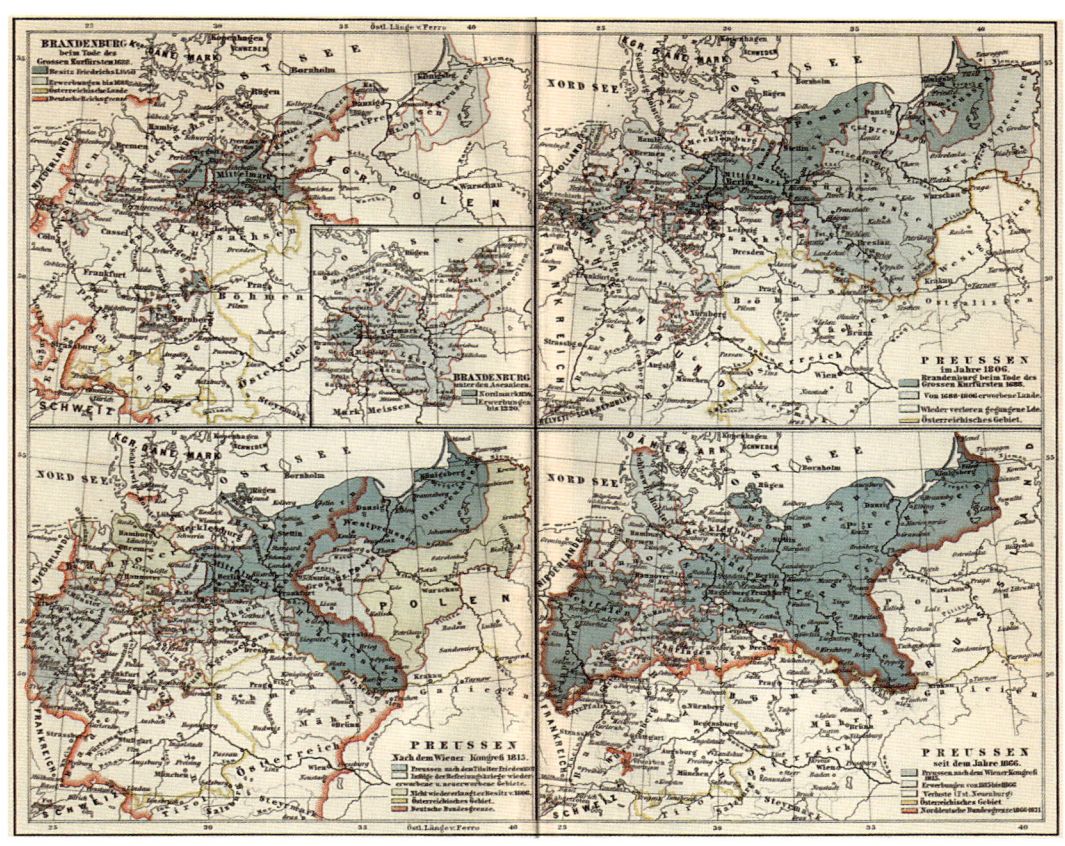

Preußen hatte zunächst mit dem fernen Brandenburg nichts zu tun, auch wenn der letzte Hochmeister des Ordens Albrecht von Hohenzollern hieß und die Hohenzollernfarben wie die des Ordens Weiß und Schwarz waren. Albrecht (1490–1568) nahm 1525 den lutherischen Glauben an. Aus dem Ordensland unter dem Schutz von Kaiser und Papst wurde ein weltlicher Staat, aus Albrecht ein Herzog. Bis zum Zusammenschluss mit Brandenburg und dem Preußen benachbarten Pommern verging allerdings noch viel Zeit. Der erste Brandenburger, der die Regentschaft in Preußen übernahm, war Kurfürst Joachim Friedrich (1546–1608), allerdings nur stellvertretend für den geisteskranken eigentlichen Herrscher Herzog Albrecht Friedrich (1553–1618). 1596 heiratete der spätere brandenburgische Kurfürst Johann Sigismund (1572–1619) die Erbin Preußens, eine Enkelin des letzten Hoch-

Brandenburg ist das Kernland Preußens, den Namen aber lieferte die östlichste Provinz.

Wie kam Preußen zu seinem Namen?

Die Marienburg war einst Sitz des Deutschen Ritterordens.

meisters Albrecht – und Vater Joachim Friedrich bei der Gelegenheit gleich deren Schwester. Nach Joachim Friedrichs Tod 1608 versuchten starke Kräfte, den Anschluss Preußens an Polen zu erzwingen. Deren Partei trug einen schönen Namen: Querulanten. Die Querulanten konnten sich jedoch nicht durchsetzen.

Der kranke Albrecht Friedrich starb 1618. Drei Jahre noch dauerte die Machtprobe, bis der inzwischen regierende brandenburgische Kurfürst Georg Wilhelm (1559–1640) Preußen als Lehen erhielt und seiner Herrschaft einverleiben konnte, für die sich der Namen Preußen einbürgerte. 1660 beim Frieden von Oliva erreichte der Große Kurfürst Friedrich Wilhelm (1620–1688) die endgültige Souveränität Preußens und musste auf das schwache Polen kaum noch Rücksicht nehmen. Die Provinz Preußen gehörte allerdings nicht zum Heiligen Römischen Reich. Das hatte den Vorteil, dass der Kurfürst nun dem Kaiser nicht als Reichsfürst, sondern als Souverän gegenübertreten konnte, gleichsam auf Augenhöhe.

36 200 Quadratkilometer groß war die neue Provinz Preußen, fast so groß wie Brandenburg selbst, das von der Altmark um Salzwedel und Stendal herum bis zur Neumark im Osten mit Küstrin und Landsberg an der Warthe

reichte. Die Bewohner Urpreußens blieben eigensinnig. Die Stände pochten auf ihre Rechte. Königsberg blieb eine stolze Stadt. Als der Große Kurfürst die Grundlagen für den modernen Staat Preußen zu legen suchte, vor allem durch den Aufbau eines stehenden Heeres, widersetzte sich die Provinz Preußen am längsten – bis 1681. Und sie blieb auch weiterhin störrisch. Friedrich der Große bereiste seine ferne Provinz deswegen nicht oft. Nach dem Siebenjährigen Krieg, also nach 1763, kam er überhaupt nicht mehr.

Der Deutsche Ritterorden
wird auch Deutschherren- oder Deutschritterorden genannt. Die Ursprünge des Ordens lagen in einem Feldhospital bremischer und lübeckischer Kaufleute während der Kreuzzüge in das Heilige Land Ende des 12. Jahrhunderts. Daraus wurde ein Ritterorden, dessen Hauptsitz in Venedig war. Nach den Kreuzzügen, in denen es schon lange nicht mehr nur um karitative Aufgaben ging, suchten die Ritter neue Herausforderungen und zogen in den Norden. Sie besiegten die Pruzzen und gründeten einen für mittelalterliche Verhältnisse perfekt organisierten Staat, den Ordensstaat. 1309 verlegte der Orden seinen Hauptsitz in die trutzige, noch heute zu bewundernde Marienburg, den größten Backsteinbau Europas, 60 Kilometer von Danzig entfernt. Bis 1454 blieb die Marienburg das Zentrum des Ordens. Der Ordensstaat lebte vor allem von der vielfältigen landwirtschaftlichen Produktion, die damals in Deutschland ohne Vergleich war. Preußen fand hier sein wirtschaftliches Fundament. 1410 erlitt der Deutsche Orden bei Tannenberg gegen ein vereintes Heer der Polen und Litauer eine vernichtende Niederlage. Seitdem war der Ordensstaat geschwächt und abhängig vom polnischen König, der Preußen als Lehen vergab. 1525 schließlich wurde durch Säkularisierung aus dem Ordensstaat ein weltliches Herzogtum. Den Ritterorden gibt es noch immer. Er hat heute etwas mehr als 1000 Mitglieder. Sein Hauptsitz ist Wien. Der Marienburg drohte Anfang des 19. Jahrhunderts der Abriss für Kasernenbauten. Dagegen erhob sich in Preußen Protest. Friedrich Wilhelm III. (1770–1840) verbot den Abriss, Friedrich Wilhelm IV. (1795–1861) ließ die Burg restaurieren. Im Zweiten Weltkrieg wurde sie stark zerstört und später bis auf die Marienkirche, die ein Mahnmal bleiben sollte, wieder aufgebaut.

2 Was wollten die Hohenzollern in Brandenburg?

Die Hohenzollern stammen aus Schwaben. Nach der Kolonisierung des Slawengebiets östlich der Elbe kamen sie nach Brandenburg. Als Markgrafen von Brandenburg besaßen sie die Kurwürde. Von 1701 an stellten sie die preußischen Könige, von 1871 an die deutschen Kaiser.

Das Haus Hollenzollern wurde 1061 zum ersten Mal in den Geschichtsquellen erwähnt. Es gehörte neben den Habsburgern zu den mächtigsten und einflussreichsten deutschen Fürstengeschlechtern. Kern des Herrschaftsgebiets der Grafen von Zollern war die nach ihnen benannte Burg Hohenzollern bei Hechingen in Schwaben.

Dass die Grafen im Mittelalter in die Mark Brandenburg kamen, war eine Folge der deutschen Ostsiedlung in den Gebieten östlich der Elbe, in denen seit der Völkerwanderung Balten und Slawen lebten. Zuerst herrschten hier die Askanier. Nach dem Erlöschen der Familie 1320 wurde Brandenburg unter wechselnder Herrschaft heruntergewirtschaftet. Es war offenbar eine märkische Gesandtschaft, die in König Sigismund (1368–1437) drang, endlich einen starken Statthalter einzusetzen. Dessen Wahl fiel auf die Hohenzollern aus der fränkischen Linie. Diese war nach der Belehnung mit der Burgherrschaft Nürnberg im 13. Jahrhundert durch Teilung des Hauses entstanden. Es war Burggraf Friedrich VI. (1397–1420), der von Sigismund wegen seiner Treue die Mark Brandenburg erhielt. So wurde aus dem Burggrafen Kurfürst Friedrich I. Von 1415 an regierten Hohenzollern als Markgrafen von Brandenburg. Das Land, das sie übernahmen, war zwar arm und verwahrlost, aber die Herrschaft war mit der Kurwürde verbunden. Die Kurfürsten durften den König wählen und gehörten überhaupt zum, wie es der Historiker Eberhard Straub ausdrückt, »exklusivsten Kreis der Reichsaristokratie«.

Der Innenhof der Burg Hohenzollern bei Hechingen

Die Hohenzollern dehnten fortan ihr Machtgebiet immer weiter aus. Die Neumark östlich der Oder etwa kam 1455 dazu, erworben vom Deutschen Ordensstaat, der zu dieser Zeit schon völlig überschuldet war. Kurfürst Friedrich II. (1413–1471) läutete damals die »Methode des Ankaufs überschuldeter Landesteile bei den hohenzollernschen Kurfürsten« ein. Auf diese Weise kam Hinterpommern hinzu, später auch Vorpommern und schließlich Preußen. 1473 regelte Kurfürst Albrecht III. (1414–1486) in der *Dispositio Achillea* die Verteilung seines Erbes unter seinen Söhnen. Sie bildete die Grundlage für das spätere Hausgesetz der Hohenzollern. Preußen sollte der Ruhm der Hohenzollern werden, die Mark Brandenburg das Herzstück ihres Herrschaftsraums, der Berliner Dom ihr zentraler Begräbnisort. Die fränkischen Besitzungen sanken auf den Rang von Sekundogenituren herab.

Auf Hohenzollern trifft man allerdings auch anderswo. Von 1866 bis 1947 stellte die Familie die rumänischen Könige. In Baden-Württemberg gab es bis 1849 zwei selbstständige Fürstentümer Hohenzollern: das eigentliche Stammland der Grafen von Zollern Hohenzollern-Hechingen und das später als Lehen hinzugekommene Hohenzollern-Sigmaringen. Es ist eine Ironie der Geschichte, dass 1850 beide unter dem Namen Hohenzollernsche Lande zum Staat Preußen kamen, zur Rheinprovinz nämlich, Regierungsbezirk Sigmaringen.

Auf der Hohenzollernburg ist der Stammbaum der Familie zur Wandmalerei geworden.

»Gleichwie ein Fluss erst wertvoll werde, wenn er schiffbar sei, so gewinne die brandenburgische Geschichte erst gegen Anfang des siebzehnten Jahrhunderts tiefere Bedeutung.« Friedrich II. in seinen *Denkwürdigkeiten zur Geschichte des Hauses Brandenburg*

3 Weshalb spielte die Armee in Preußen so eine große Rolle?

Preußen war zweifellos ein Militärstaat. Friedrich II. hat den Begriff selbst geprägt. Das Militär verschlang 80 Prozent des Staatshaushalts. Es belebte aber auch die Wirtschaft. Erst dank seiner Militärmacht konnte Preußen entstehen und in den Kreis der europäischen Großmächte eintreten.

Einem der Gäste Friedrichs II. in seinem Schloss Sanssouci, dem Grafen Mirabeau (1749–1791), wird das Bonmot zugeschrieben, Preußen sei kein Staat mit Armee, sondern eine Armee, die einen Staat habe. Heute hat das Wort Militärstaat zwar einen negativen Ton. Aber schon die brandenburgischen Kurfürsten hatten erkannt, dass sie ohne ein stehendes Heer nur Spielball anderer Mächte waren, hießen diese nun Österreich, Frankreich, Russland oder Polen. Preußen war, wie Jochen Klepper (1903–1942) in seinem Roman *Der Vater* über Friedrich Wilhelm I. (1688–1740) schrieb, »ein zerfetztes Länderbündel«. Neben der Mark Brandenburg kamen aus dem jülisch-klevischen Erbe am Niederrhein und in Westfalen das Herzogtum Kleve sowie die Grafschaften Mark und Ravensburg hinzu, im Osten das Herzogtum Preußen. Im Dreißigjährigen Krieg war Brandenburg Durchzugsgebiet mal für die Kaiserlichen, mal für die Schweden – stets mit verheerenden Wirkungen für das Land. Schon vor Ende des Dreißigjährigen Kriegs begann Kurfürst Friedrich Wilhelm, der später der Große Kurfürst genannt wurde, mit dem Aufbau einer Armee. 1646, zwei Jahre vor dem Westfälischen Frieden, umfasste sein Heer 3000 Mann. Die standen allerdings vorwiegend in Kleve am Niederrhein. Dieses erste Heer war vermutlich nichts anderes als die »Verstaatlichung der Soldateska des Dreißigjährigen Kriegs«, wie der Historiker Otto Hintze (1861–1940) meinte. Allerdings setzte Kurfürst Friedrich Wilhelm mehr Disziplin durch. Er verbot Plünderungen und stellte Übergriffe auf Zivilisten unter Strafe. Morgens und abends gab es Gottesdienste in der Truppe. Der Kurfürst beriet sich vor militärischen Entscheidungen mit seinen erfahrenen Generälen, von denen einer Georg Freiherr von Derfflinger (1606–1695) war, der Held von Fehrbellin. Solche Gesprächsrunden gelten in gewisser Weise als Vorläufer des preußischen Generalstabs.

Eigentlich hätte auch das Herzogtum Pommern nach dem 1637 geschlossenen Erbfolgevertrag an Brandenburg fallen sollen. Aber im Westfälischen Frieden, der den Dreißigjährigen Krieg beendete, bekam das

Weshalb spielte die Armee in Preußen so eine große Rolle? 19

Kurfürstentum nur Hinterpommern zugesprochen – und als Ausgleich die säkularisierten Hochstifte von Cammin, Minden und Halberstadt sowie die Anwartschaft auf das Erzstift Magdeburg. Dass Brandenburg sich gegen die Schweden in Vorpommern nicht durchsetzen konnte, bestärkte den Großen Kurfürsten in seinen Rüstungsplänen.

Friedrich Wilhelms Heer fiel dann erstmals im polnisch-schwedischen Krieg 1655–1660 auf, vor allem in der Schlacht vor Warschau 1656. Da stand der Kurfürst noch an der Seite Schwedens, wechselte kurz darauf aber das Bündnis, was ihm letztlich die völkerrechtliche Souveränität über Preußen einbrachte. 1675 schlug er die Schweden bei Fehrbellin. Die Schlacht, bei der vor allem das Zusammenwirken der verschiedenen Truppengattungen überzeugte, gilt als erster Auftritt Brandenburgs als europäische Großmacht. Als Friedrich Wilhelm starb, hatte die Armee eine Stärke von 30 000 Mann, in

> Durch den Sieg über die Schweden in der Schlacht bei Fehrbellin (1675) stieg Brandenburg zur europäischen Großmacht auf.

> »Gott ist immer mit den stärksten Bataillonen!« Friedrich der Große

20 Weshalb spielte die Armee in Preußen so eine große Rolle?

Preußens Militärwerber zur Zeit Friedrichs des Großen in einem Wirtshaus

Friedenszeiten 7000 Mann. Dem Kurfürsten ging es nicht nur um den militärischen Erfolg, sondern auch um das Ansehen der Truppe. Der Soldatenberuf sollte gleichrangig neben anderen Gewerben und Berufen stehen.

Der Große Kurfürst war noch darauf angewiesen, von anderen Mächten Geld für sein Militär zu nehmen, obgleich er schon damit begonnen hatte, eine gesamtstaatliche Bürokratie aufzubauen, nämlich die Kriegskommissariate. Der Geldmangel war auch einer der Gründe für Friedrich Wilhelms ständiges Taktieren und seine Bündniswechsel.

Das änderte sich unter König Friedrich Wilhelm I., seinem Enkel. Da konnte Preußen die eigene Armee auch unterhalten, und die Staatsfinanzen kamen dennoch in Ordnung. Denn nun wurde auch die Wirtschaft auf die Bedürfnisse des Militärs umgestellt. Die Maßnahmen wirkten wie ein Konjunkturprogramm, denn sie förderten das Gewerbe, etwa die Tuchindustrie für die Uniformen. Die Versorgung der Truppe war zudem ein großer Absatzmarkt für die Landwirtschaft. Friedrich Wilhelm I. wie auch sein

Sohn Friedrich II. dachten merkantilistisch: Einfuhren wurden mit hohen Zöllen belegt, Ausfuhren teilweise verboten, die Produktion im eigenen Land gefördert. Seit 1733 galt die Wehrpflicht. Sie wurde zwar eine »despotische Grausamkeit« gescholten, war aber eine Möglichkeit zur Emanzipation. Bauern, die in die Armee kamen, erhielten den Rechtsschutz ihres Regiments, während sie in ihrem Dorf noch leibeigen waren. Für den Adel brachte die Armee neue Aufstiegsmöglichkeiten in Form einer militärischen Laufbahn. So konnte die Uniform zum Staatskleid werden, das auch der König trug. Familiennamen wie von Schwerin, Marwitz, Finckenstein, Hardenberg, Wedel, Kleist leuchten in der preußischen Geschichte, weil sich ihre Träger im Militär bewährten, aber auch im Staatsapparat.

Leopold I. von Anhalt-Dessau (1676–1747), der »Alte Dessauer«, diente als glänzender und origineller Soldat gleich drei Königen: Friedrich I., Friedrich Wilhelm I. und Friedrich II. Um 1700 reformierte er das Heer. Er führte den Gleichschritt ein und ersetzte den hölzernen durch den eisernen Ladestock. Er exerzierte die Truppen, bis es jeder Soldat auf zehn Schuss pro Minute bringen konnte. Die Feuerkraft war damit doppelt so hoch wie bei potenziellen Gegnern. Hatte das Militär unter Friedrich I. noch 39 000 Mann, so waren es 1740 beim Tod Friedrich Wilhelms schon 83 000 Mann. Das entsprach 3,8 Prozent der Bevölkerung. Preußen hatte eine der stärksten Armeen Europas, obwohl das Land von der Fläche her nur an zehnter, der Bevölkerung nach sogar nur an 14. Stelle stand. Das Militär verschlang 80 Prozent des Staatshaushalts – wobei ähnliche Zahlen auch für Frankreich und Österreich galten. Unter Friedrich Wilhelm entstanden auch die Kadettenanstalten für den adligen Offiziersnachwuchs. Angehende Pastoren mussten sich zunächst als Feldprediger bewähren, ausgediente Unteroffiziere wurden zu Lehrern. In Potsdam gründete Friedrich Wilhelm das Militärwaisenhaus und ließ erste Kasernen bauen. 1746 wurden in Berlin die ersten großen Kasernen errichtet. Bis dahin waren die Soldaten bei den Bürgern einquartiert. Unter Friedrich II. wurden sieben neue Infanterieregimenter aufgestellt, und 1741 lag die Truppenstärke bei mehr als 100 000 Mann. Die preußische Armee war in jeder Hinsicht die beste in Europa. Ihr höchstes Niveau erreichte sie kurz vor Ausbruch des Siebenjährigen Kriegs. Das betraf nicht nur Ausbildung und Ausrüstung, sondern auch die militärische Logistik bis hin zu Versorgungsdepots überall an den Grenzen des Landes, sodass die Armee nicht mehr durch einen langsamen Tross in ihrer Beweglichkeit behindert wurde. Von 1725 an trugen die preußischen Könige in der Öffentlichkeit Uniform.

4 Was hat es mit der Leidenschaft des Soldatenkönigs für die Langen Kerls auf sich?

Friedrich Wilhelm I., der auch Soldatenkönig genannt wurde, war Vater Friedrichs II. und regierte von 1713 bis 1740. Er liebte alles Militärische, vermied aber den Krieg. Sein Lieblingsspielzeug war seine Potsdamer Riesen- und Leibgarde, besser bekannt als »Lange Kerls«.

Während Friedrich Wilhelms I. Vater, der erste preußische König, noch die volle barocke Prachtentfaltung nach dem Beispiel Ludwigs XIV. (1638–1715) in Versailles verkörperte, mochte es sein Sohn eher spartanisch und entwickelte eine Liebe zu allem Militärischen. Die Reorganisation des Heeres hatte er schon bis ins Detail geplant, bevor er die Königskrone aufsetzen durfte. Seine Garde waren die »Langen Kerls«, für die der König Männer in allen Teilen Deutschlands rekrutieren ließ: Mindestens 1,90 Meter lang mussten sie sein. Er finanzierte diese Truppe allerdings nicht aus dem Staatshaushalt, sondern aus den Erträgen seiner Güter und aus einem Spendenfonds.

Porträt Friedrich Wilhelms I., um 1733, von Antoine Pesne

Der König stand weithin unter dem Einfluss des Pietismus in seiner halleschen Prägung: Praktische Tätigkeit auf Erden galt ihm als Frömmigkeit. Friedrich Wilhelm war sparsam und bedürfnislos. An Ausschweifungen gönnte er sich nur die Jagd, Bier und Tabak. Im Schloss von Königs Wusterhausen, das lange Zeit sein Lieblingsaufenthalt war, kam das so genannte Tabakskollegium zusammen, eine Männergesellschaft, zu der auch der Alte Dessauer gehörte, wiewohl er gar nicht rauchte. Friedrich Wilhelm I. hatte nicht viel Sinn für die Kunst, obwohl er selbst malte. Einige seiner naiven Bilder sind in Königs Wusterhausen noch zu sehen. Er porträtierte gern seine Langen Kerls.

Friedrich Wilhelm I. hatte gleich nach der Thronbesteigung das Hofzeremoniell abgeschafft und einen Großteil der Hofbediensteten entlassen. Er hat jedoch die preußische Gesellschaft durchaus modernisiert. Unter seiner Regierung entstand das Generaldirektorium mit wirtschafts- und finanzpolitischen Kompetenzen. So wurde aus Preußen ein zentralisierter absolutistischer Staat. 1717 führte Preußen die Grundschulpflicht ein, theoretisch jedenfalls. Der König förderte das »Retablissement«, die Neuansiedlung von Bauern in den durch die Pest entvölkerten Gebieten.

Wie immer man Friedrich Wilhelm sehen will, die Armee war ihm tatsächlich so etwas wie ein Riesenspielzeug. Und weil ihm dieses im buchstäblichen Sinn teuer war, pflegte er es auch auf besondere Weise: durch Friedensliebe. Den Beinamen Soldatenkönig trägt er erst seit dem Erscheinen von Jochen Kleppers großem Lebensbild in dem Roman *Der Vater* (1937).

Der Soldatenkönig inspiziert seine »Langen Kerls« in Potsdam (Grafik aus *Der alte Fritz in fünfzig Bildern*, 1895)

Das Spießrutenlaufen

war eine Militärstrafe, die vom 16. bis in das 19. Jahrhundert hinein angewendet wurde, und das keineswegs nur in der preußischen Armee. Geahndet wurden damit Fahnenflucht, Trunkenheit und unerlaubtes Glücksspiel. Der Spießrutenlauf geht vermutlich auf das »Recht der langen Spieße« oder Lanzengericht bei den Landsknechten zurück. Wurde ein Todesurteil gegen einen der Landsknechte ausgesprochen, so bildeten die anderen eine Gasse. Später wurden die Spieße durch Ruten ersetzt. Um den Verurteilten am schnellen Gehen zu hindern, schritt ein Unteroffizier voraus, der ihm eine Säbelspitze vor die Brust hielt. Ein sechsmaliges Spießrutenlaufen durch 300 Mann an drei Tagen galt als Todesstrafe. Um »sich den Schmerz zu verbeißen«, bekam der Verurteilte eine Bleikugel zwischen die Zähne. Das Spießrutenlaufen wurde in Preußen 1807 abgeschafft, in Österreich 1850, in Russland noch später.

»Parol auf dieser Welt ist nichts als Müh und Arbeit.«
Friedrich Wilhelm I.

5 Was besagt Friedrichs berühmte Randnotiz über die Religionsfreiheit?

Jeder solle nach seiner Fasson selig werden, schrieb der König. Preußen praktizierte Religionsfreiheit und wurde Zufluchtsort für Réfugiés, religiös Verfolgte wie die Hugenotten. Preußens Toleranzpolitik war aber auch eine Voraussetzung für den wirtschaftlichen Erfolg.

Religiöse Toleranz bestimmte schon das Handeln der brandenburgischen Kurfürsten. Johann Sigismund erließ 1614 das erste Toleranzedikt. Er selbst war Calvinist. Aber die Religion wurde unter ihm zur Privatsache. Brandenburg ließ sich als erster Staat darauf ein, verschiedene Bekenntnisse nebeneinander zuzulassen. *Suum cuique* – jedem das Seine – wurde zum Leitspruch Preußens und meinte religiöse Toleranz. Was bei Johann Sigismund noch einer reinen christlichen Gesinnung entsprang, bekam für Brandenburg und später für Preußen auch einen praktischen Nutzen. Religiöse Toleranz war geradezu eine Voraussetzung, um aus dem Nichts zur Großmacht aufsteigen zu können. Vor allem nach dem Dreißigjährigen Krieg, der viele Gebiete wüst hinterlassen hatte, brauchte das Land neue Bewohner. Es begann die große Zeit der »Peuplierung«, die Zeit der Kolonisten, die später maßgeblichen Anteil am Aufstieg Preußens hatten.

Man darf aber auch nicht vergessen, dass Brandenburg und später Preußen Gebiete mit unterschiedlichen Konfessionen vereinte. 1609 gehörten durch das Herzogtum Kleve erstmals nach der Reformation wieder Katholiken zum preußischen Staat. Friedrich II. eroberte das katholische Schlesien. Der Große Kurfürst, selbst in den calvinistischen Niederlanden ausgebildet, erließ 1685 das Edikt von Potsdam, das die Hugenotten nach Brandenburg einlud. Der Name geht zurück auf das vom französischen König Heinrich IV. (1553–1610) erlassene Edikt von Nantes von 1598, das im katholischen Frankreich religiöse Toleranz versprach. Ludwig XIV., der Sonnenkönig, widerrief das Edikt. Damit waren die französischen Protestanten aller Rechte beraubt und wanderten aus. 20 000 Hugenotten – so wur-

Mit dem Edikt von Potsdam lud der Große Kurfürst Glaubensflüchtlinge nach Brandenburg ein.

Die in ihrer Heimat Frankreich verfolgten Hugenotten kommen nach Brandenburg.

den die französischen calvinistischen Protestanten genannt – kamen nach Brandenburg, knapp 7000 davon nach Berlin. Theodor Fontane (1819–1898) etwa war hugenottischer Abstammung.

Preußen ist 1701 gleichsam schon als Einwanderungsland gegründet worden. Friedrich I. lud Philipp Jacob Spener (1635–1705) an seinen Hof, nachdem dieser wegen seiner unorthodoxen religiösen Ansichten aus Dresden, wo er Hofprediger gewesen war, vertrieben worden war. Der erste preußische König gründete die Universität Halle. Unter seinem Sohn Friedrich Wilhelm I. siedelten sich nach 1732 etwa 15000 Salzburger Flüchtlinge im durch die Pest entvölkerten Ostpreußen an.

Friedrichs berühmte Worte über religiöse Toleranz sind nur eine Randbemerkung auf einem an ihn gerichteten Brief gewesen: »Die Religionen müssen toleriert werde, und muss der Fiskal nur ein Auge darauf haben, dass keiner der anderen Abbruch tue; denn hier muss ein jeder nach seiner Fasson selig werden.« Friedrich behandelte alle Religionen gleich, auch in seinem Spott. Die Juden bezeichnete er als »unnütz für den Staat«, aber wichtig für den Handel mit Polen. Über die Katholiken hieß es: »Um aber zu verhindern, dass die Klöster mit ihrem Zölibat die Hoffnung auf Familiengründung beeinträchtigen, ist es verboten, vor der Volljährigkeit Mönch oder Nonne zu werden.« Über die Jesuiten sagte der König, er habe einige zu sich kommen lassen, um sie gegeneinander auszuspielen. Über die Lutheraner meinte er: »Die Gedanken von Glaubenserneuerern werden der verdienten Lächerlichkeit preisgegeben.«

6 Wie wurde Berlin zu einem bedeutenden kulturellen Zentrum?

Friedrich II. wurde im Berliner Stadtschloss geboren. Wie schon sein Vater Friedrich Wilhelm mochte er später die Stadt nicht. Ihn zog es nach Potsdam, wo er sein Schloss Sanssouci baute. Berlin hat das nicht geschadet. Die Stadt nahm ihren Aufschwung durch die Glaubensflüchtlinge.

Das heutige Berlin bestand ursprünglich aus zwei Städten: Berlin und Cölln. Cölln, auf einer Spreeinsel gelegen, war eine Handelssiedlung. Berlin hingegen auf dem rechten Spreeufer wurde vom brandenburgischen Markgrafen gegründet. 1432 wurden die Städte vereinigt. Zehn Jahre später hatte der Kurfürst die städtische Autonomie gebrochen. Am Ende des Dreißigjährigen Kriegs, der Brandenburg stark in Mitleidenschaft zog, gab es in der Stadt gerade noch 7500 Einwohner. Das hinderte Berlin nicht am Wachsen durch Handel und Gewerbe. Als die Hugenotten ins Land kamen, erlebte die Stadt einen gewaltigen Entwicklungsschub. Am Ende von Friedrichs Regierungszeit hatte sie bereits mehr als 100 000 Einwohner. Das Schloss, in dem er geboren worden war, mochte er aber ebenso wenig wie die ganze Stadt. Regelmäßig hielt sich Friedrich von Mitte Dezember bis zum Beginn der Karnevalsaison im Berliner Stadtschloss auf, wobei sein Geburtstag, der 24. Januar, den Höhepunkt der Wintersaison zu bilden pflegte.

Andererseits entstand gleich zu Beginn seiner langen Regierungszeit das *Forum Fridericianum* mit der 1743 eröffneten Oper, der Königlichen Bibliothek, die von den Berlinern wegen ihrer geschwungenen Fassade »Kommode« genannt wird, sowie der katholischen Hedwigskathedrale im Stil des römischen Pantheons, dem ersten Kirchenbau für Katholiken nach der Reformation. Der König zeichnete erste Entwürfe; um die Details hatte sich sein Architekt Georg Wenzeslaus Knobelsdorff (1699–1753) zu kümmern. Es entstand ein einzigartiges städtebauliches Ensemble, der heutige Bebelplatz. Die Oper aber hat Friedrich dann so wenig interessiert wie die berühmte Akademie. Der Stadt bekam es jedoch gut, dass er sie weitgehend mied. Hier entfaltete sich vor allem in

Friedrich Schillers Stück *Die Räuber* wurde bereits 1783, ein Jahr nach Erscheinen, in Berlin uraufgeführt.

Wie wurde Berlin zu einem bedeutenden kulturellen Zentrum?

Die Oper Unter den Linden in Berlin, eröffnet 1743

den Zeiten von Friedrichs Abwesenheit ein geistiges Leben wie nirgendwo sonst in Deutschland. Gotthold Ephraim Lessings (1729–1781) Lustspiel *Minna von Barnhelm* wurde hier 1768 aufgeführt, ebenso am 1. Januar 1783 Friedrich Schillers (1759–1805) *Die Räuber*. Das Deutsche Theater wurde in dieser Zeit gegründet. In den Berliner Salons trug man Verse von Ewald Christian von Kleist (1715–1759) vor, der dann in der Schlacht von Kunersdorf fiel. Man las auch die Werke von Johann Wilhelm Ludwig Gleim (1719–1803). Es war die Wirkungszeit von Moses Mendelssohn (1729–1786), des »ersten preußischen Juden«. Berlin wurde in der friderizianischen Zeit Zeitungsstadt, wo die *Vossische Zeitung* mit ihren berühmten Theaterkritiken erschien, ebenso die *Spenersche*. Christoph Friedrich Nicolai (1733–1811) gab dort ab 1765 die *Allgemeine Deutsche Bibliothek* heraus. Die preußische Hauptstadt wurde damals bedeutender als alle Musenhöfe in Deutschland, auch wenn in Weimar gerade die Goethezeit begann.

> »In Berlin organisierte sich eine schöngeistig-wissenschaftliche Öffentlichkeit nach eigenen Spielregeln. Das war etwas Neues für Deutschland. Den Vorsprung holte keine deutsche Stadt später mehr auf.«
> Eberhard Straub in *Eine kleine Geschichte Preußens*, 2001

Woher kommt das Sprichwort »So schnell schießen die Preußen nicht«?

Es gibt viele Erklärungen dafür, nicht alle sind überzeugend. Der Ausspruch stammt von Bismarck. Möglicherweise hat es ihn aber auch schon zuvor gegeben. Wie auch immer – das Sprichwort trifft einen Kern preußischer Militärkunst.

Nur einmal ließ Friedrich Wilhelm I., der Freund alles Militärischen, seine Truppen in einen richtigen Krieg marschieren. Das war 1715 bis 1720, als er sich auf Veranlassung Russlands am Nordischen Krieg beteiligte. Es ging wieder einmal gegen die Schweden. Vorpommern und Rügen wurden erobert. Aber der preußische König wurde am Ende schlecht belohnt für seinen militärischen Erfolg. Er erhielt immerhin die Hafenstadt Stettin und den Teil Vorpommerns bis südlich der Peene. In den 1730er-Jahren stellte er ein Kontingent im Polnischen Erbfolgekrieg. Aber er tat es unwillig.

In allen anderen Streitfällen verhandelte er lieber – am hartnäckigsten, als es um einen Erbfall am Niederrhein ging. Beim Aussterben der Pfalz-Neuenburger hoffte er, wenigstens Berg mit der Festung Düsseldorf aus dem alten Bestand des Herzogtums Jülich für Preußen erwerben zu können. Kaiser Karl VI. (1685–1740) hatte im Berliner Vertrag von 1728 erklärt, den Fall wohlwollend prüfen zu wollen, dachte aber gar nicht daran, als es ernst damit wurde. Er brauchte Friedrich Wilhelms Hilfe, denn er wollte erreichen,

Die Truppen Friedrich Wilhelms I. erobern 1715, während des Nordischen Kriegs, Rügen.

dass eine Frau seine Nachfolgerin werden konnte: seine Tochter Maria Theresia (1717–1780). Zehn Jahre lang dauerten die Verhandlungen wegen Berg. Am Ende drohte Friedrich Wilhelm, 40 000 Soldaten in Kleve einzuquartieren. Das genügte. Er bekam Berg, wenn auch ohne die Festung Düsseldorf, die Frankreich beanspruchte. Es war das erste Mal in seiner langen, am Ende knapp drei Jahrzehnte umfassenden Regierungszeit, dass er die großen Mächte Europas – Frankreich, die Niederlande, England und Österreich – nachdrücklich daran erinnerte, dass er aus Preußen einen hochgerüsteten und dabei schuldenfreien Musterstaat gemacht hatte.

Bei Friedrich Wilhelm spielte das christlich geprägte Verantwortungsgefühl eine große Rolle. Gott habe, so schrieb er an seinen Nachfolger, »die ungerechten Kriege verbohten«. Friedrich hielt sich freilich nicht daran und marschierte schon im Jahr seines Regierungsantritts 1740 in Schlesien ein. Unter ihm haben die Preußen dann sehr wirkungsvoll geschossen.

»So schnell schießen die Preußen nicht« – mitunter wird der Satz auch so verstanden, dass nicht einmal die Preußen so schnell schießen könnten. Das wiederum soll sich auf das Zündnadelgewehr beziehen, das den Krieg von 1866 entschieden hat. Otto von Bismarck (1815–1898) jedenfalls soll den Satz gegenüber einem englischen Journalisten geprägt haben, als es um den deutsch-französischen Konflikt und französische Aufrüstungspläne ging.

> »Wer nicht weiß, was eine Armee braucht, wer nicht bis zu den zahllosen Fragen ihrer Verpflegung vordringt, wer die Mittel und Wege nicht kennt, eine Armee mobil zu machen, die Regeln der Kriegskunst nicht beherrscht und die Truppen in der Garnison nicht zu disziplinieren, im Felde nicht zu führen versteht, wird, sei er auch sonst der geistreichste Mann, der beste Verwalter, der abgefeimteste Politiker, niemals etwas Großes vollbringen, sofern er nicht selbst Feldherr ist.«
> Friedrich II. in seinem *Politischen Testament* von 1752

Das Jägertor in Potsdam, 1733, Gemälde des Hofmalers Dismar Degen

8 War Friedrich der Große groß?

Seit dem Ende des Zweiten Schlesischen Kriegs wurde der König so genannt. Er war der letzte Monarch, der diesen Beinamen erhielt. Friedrich hat Bedeutendes geleistet – als Feldherr, aber auch bei seinen Reformen in Staat und Justiz. Ein ganzes Zeitalter trägt seinen Namen.

> »Eure Königliche Hoheit hebt mich ganz zu sich empor. Sie reinigt mich von übler Nachrede, geruht, meine Ehre gegen allen Neid in Schutz zu nehmen, und verleiht meinem Geist Klarheit.«
> Voltaire in einem Brief an Friedrich, 1738

Voltaire (1694–1778) war der Erste, der Friedrich II. den Großen nannte, wenn auch mehr mit Augenzwinkern, denn der französische Philosoph und Spötter ließ eigentlich keine Größe neben sich gelten. Schon in Friedrichs Prinzenzeit schrieb Voltaire nach Rheinsberg an den »grand prince«. Er setzte noch hinzu: »grand homme«. Das alles war eine Mischung aus Herablassung und Schmeichelei. 1742 nannte er ihn dann auch »Frédéric le Grand«. Da hatte Friedrich gerade das Bündnis mit Frankreich aufgekündigt. Es war nach dem Ersten Schlesischen Krieg. Die Franzosen rümpften die Nasen über den Preußenkönig. Voltaire aber, der später an der Tafel des Königs in Sanssouci sitzen sollte, hielt weiter zu seinem großen Friedrich.

Das Volk nannte Friedrich nach dem Ende des Zweiten Schlesischen Kriegs »den Großen«, erstmals nachweislich am 28. Dezember 1745, als der König nach dem in Dresden geschlossenen Frieden nach Berlin zurückkehrte. Eine Gruppe junger Kaufleute zu Pferde soll zuerst ein dreifaches Vivat auf »Friedrich den Großen« ausgebracht haben, bevor Chorschüler aller Kirchen und Schulbedienstete aus Neu-Cölln ein »Vivat, Fridericus Rex, Victor, Augustus, Magnus, Felix Pater Patriae« anstimmten.

Bei seiner Rückkehr aus dem Siebenjährigen Krieg aber mied Friedrich den großen Auftritt. Er kehrte gleichsam durch die Hintertür nach Berlin und Potsdam heim. Aber sein Ruhm in Europa war inzwischen ungeheuer groß. Weil »groß« nicht mehr zu steigern war, wurde daraus »einzig«. So bei Karl Wilhelm Ramler (1725–1798), der im Stil griechischer Oden dichtete: »Heil uns, dass unser Morgen in die Tage des einzigen Monarchen fiel.« Friedrich nahm das alles nicht zur Kenntnis. Zum einen weil er, intellektuell französisch geprägt, deutsche Literatur gar nicht erst wahrnahm, zum anderen weil er nach dem Siebenjährigen Krieg viel zu erschöpft war für solche Huldigungen.

Das Beiwort »der Große« bekam dann aber auch bald einen ironischen Beigeschmack. Christoph Martin Wieland (1733–1813), der in Weimar weitab vom Preußenkönig lebte, sagte einmal: »König Friedrich ist zwar ein

War Friedrich der Große groß? | 31

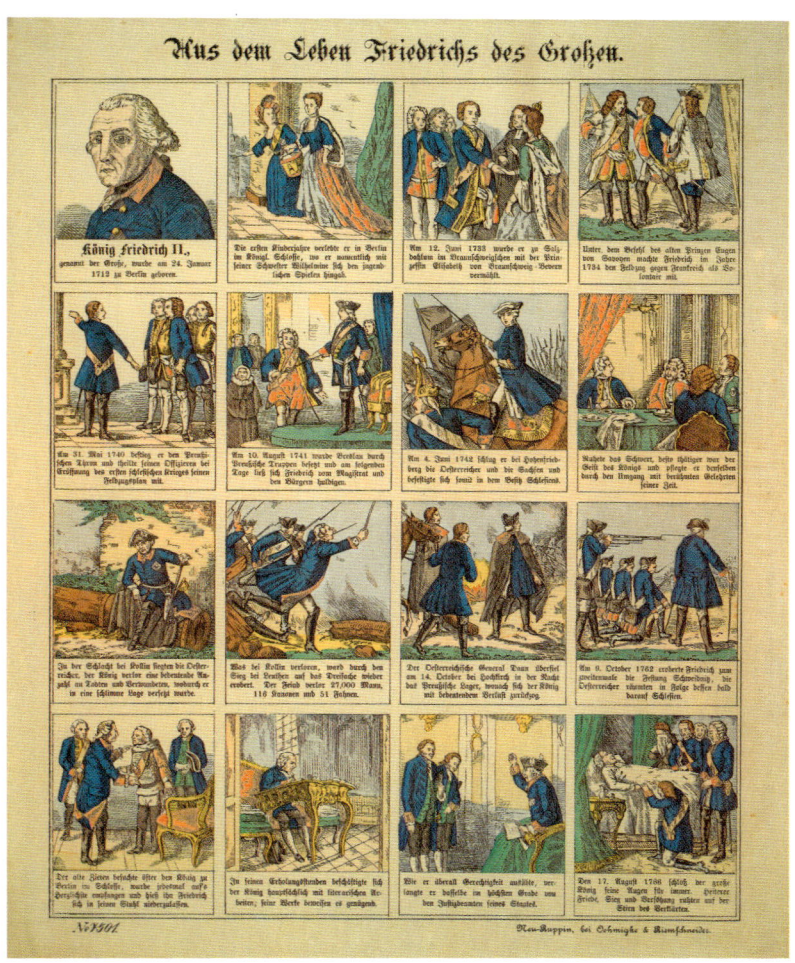

Friedrichs Leben, 1882,
Farblithografie aus dem
Neuruppiner Bilderbogen

großer Mann, aber vor dem Glück, unter seinem Stock, seinem Szepter zu stehen, bewahre uns der liebe Gott!« Ganz feierlich hingegen wurde es wieder, als Friedrichs Nachfolger Friedrich Wilhelm II. (1744–1797) für die Beisetzungsfeierlichkeiten seines Onkels als Bibeltext festlegte: »Ich habe dir einen Namen gemacht, wie die Großen auf Erden einen Namen haben.« In der Bibel sagt dies der Prophet Nathan zu König David.

Fortan wurde Friedrich der Große immer größer – vor allem im 19. Jahrhundert in den Werken seiner Biografen von Franz Kugler (1808–1858) über Thomas Carlyle (1795–1881) bis zu Thomas Babington Macaulay (1800–1859). Viel zum Ruhm des Königs trugen auch die Gemälde und Zeichnungen von Adolph Menzel (1815–1905) bei, die, obwohl lange nach dem Tod

32 War Friedrich der Große groß?

Friedrich II. unter seinen Soldaten. Die Zeichnung von Adolph Menzel entstand für Franz Kuglers berühmte Biografie des Königs, 1840.

des Königs entstanden, unsere Vorstellungen vom großen Preußenkönig bis heute prägen. Friedrich wurde, wie man heute sagen würde, Kult. Und das Reiterstandbild von Christian Daniel Rauch (1777–1857) in Berlin Unter den Linden wurde gleichsam zum Sinnbild dieses Kults.

Alexander der Große (356–323 v. Chr.), Karl der Große (747/748–814), Peter der Große (1672–1725) – in solcher Gesellschaft nimmt sich das Beiwort für Friedrich besonders groß aus, denn seine Macht war deutlich beschränkter als die der drei anderen, sein kriegerischer Ruhm geringer, aber seine Persönlichkeit kaum weniger bedeutend. Friedrich war der letzte Fürst in der Geschichte, der von jedermann ohne langes Nachdenken groß genannt wurde. Zuerst hatte das mit seinen militärischen Erfolgen zu tun – dem Überfall auf Schlesien im Ersten Schlesischen Krieg und der Verteidigung seiner Eroberung im Zweiten. Im Siebenjährigen Krieg hatte Friedrich Preußen endgültig zur europäischen Großmacht gemacht.

Als der König in seinen späten Lebensjahren immer mehr zum »Alten Fritz« wurde, bekam das Attribut »der Große« schon eine etwas andere Bedeutung. Sie galt der knorrigen, dürren und gebeugten Gestalt des Königs, dem Originellen, dem Pittoresken daran. Franz Kugler schrieb in seiner verherrlichenden Friedrichbiografie von 1840: »Wenn Friedrich in die Stadt geritten kam, war es stets ein festliches Ereignis für das Volk. Die Bürger traten aus den Türen und grüßten ihn ehrerbietig; er erwiderte jeden Gruß, indem er den Hut abzog. Viele folgten ihm zu den Seiten, den alten König recht lange und deutlich anzusehen. Stets lief eine Menge von Kindern und Buben vor und neben ihm; sie riefen dem Landesvater ihr Lebehoch zu, warfen ihre Mützen jubelnd empor, wischten ihm wohl auch den Staub von den Stiefeln und trieben sonst allerlei Possen. Friedrich ließ sie nie in ihrer Freude stören.«

In der historischen Forschung wird »Größe« freilich daran gemessen, ob der Betreffende die Welt in seiner Zeit verändert hat. Und das hat Friedrich zweifellos getan. Schon Immanuel Kant (1724–1804) nannte das Zeitalter der Aufklärung das Jahrhundert Friedrichs. Georg Wilhelm Friedrich Hegel (1770–1831) sagte, Friedrich habe »den allgemeinen Zweck des Staates denkend gefasst«.

Schon drei Jahre nach seinem Tod begann Friedrichs Welt zu zerfallen – mit dem Ausbruch der Französischen Revolution. Sprach Ludwig XIV., der französische »Sonnenkönig«, der stilbildend vorgemacht hatte, was Absolutismus heißt, noch davon, dass der Staat allein er selbst sei, so wandelte sich das bei Friedrich: Er sah sich als »ersten Diener« seines Staates und, auf seine Untertanen bezogen, als »Werkzeug ihres Glückes«, wie er im *Antimachiavell* (1740) schrieb. Friedrich ließ sich, wie Johannes Kunisch in seiner Biografie des Königs meinte, »unter dem unabweisbar eingeforderten Postulat aufgeklärter Rationalität darauf verpflichten, dem Staat zu dienen«. Er habe wie kein anderer die Erfordernisse seiner Zeit erkannt, theoretisch beleuchtet und praktisch umgesetzt. Seine Feldherrnleistung im Krieg betreffe das genauso wie seine Reformen in Staat und Justiz. Und Theodor Schieder (1908–1984) fügte hinzu, Friedrich habe »die Verwandlung der monarchistischen Gewalt aus persönlicher Herrschaft zu einer Amtsgewalt eingeleitet«. König Friedrich II. hat also wirklich etwas Neues in die Welt gebracht. Darin unterscheidet er sich von seinen fürstlichen Zeitgenossen, und darin überragt er sie.

Aber vielleicht besteht Friedrichs Größe doch noch in etwas anderem, das all die Teilantworten in eine fügt – in seinem Genie.

»Er hat den Gedanken auf den Thron gehoben und ihn gegen die Besonderheit geltend gemacht.«
Georg Friedrich Wilhelm Hegel über Friedrich II.

Wie kam es zu dem legendären Vater-Sohn-Konflikt?

König Friedrich Wilhelm musste lange auf einen Thronfolger warten. Er versuchte Friedrich nach seinem Ebenbild zu erziehen und scheiterte zwangsläufig. Erst in seinen letzten Lebensjahren kamen sich Vater und Sohn näher. Aber Friedrich wartete nur auf seine Stunde. Sie kam 1740.

Friedrich wurde am 24. Januar 1712, einem Sonntag, im Berliner Stadtschloss geboren. Zwei ältere Brüder waren schon kurz nach der Geburt gestorben, überlebt hatte nur die Tochter Wilhelmine (1709–1758). Der Sohn war also sehnsüchtig erwartet worden. In den ersten Lebensjahren kümmerte sich die Mutter um Friedrich. Ihr lag viel an einer musischen Ausbildung. 1717 aber schenkte Friedrichs Vater, der cholerische Soldatenkönig, seinem Sohn in erzieherischer Absicht die ersten Bleisoldaten mit Gewehren, Fahnen, Trommeln und Kanonen. Friedrich interessierte sich nicht dafür. Aber mit sechs Jahren musste er schon reiten und sogar eine Kompanie befehligen. Er musste Uniform tragen, die er »Sterbekittel« nannte. Oft hatte er den Vater bei seinen Truppenbesuchen zu begleiten. Der Vater gab dem Sohn den genauen Tagesablauf vor. Um sieben Uhr wurde der Kronprinz geweckt, um Viertel vor acht hatte er schon vor seinem Lehrer zu sitzen – gewaschen, »geschwänzt«, gepudert. Der Tag hatte mit einem Gebet vor dem Bett auf den Knien zu beginnen. Für Anziehen und Frühstück blieb gerade einmal eine Viertelstunde.

Zum ersten schweren Zusammenstoß zwischen Vater und Sohn kam es bei einer Tauffeier im Hause von Friedrich Wilhelm von Grumbkow (1678–1739), dem Berater und wichtigsten Minister Friedrich Wilhelms I. Der König ging auf seinen Sohn, damals zwölf Jahre alt, zu und sagte: »Ich möchte wohl wissen, was in diesem kleinen Kopfe vorgeht. Ich weiß, dass er nicht so denkt wie ich.« Der König redete weiter und geriet dabei in den Jähzorn, der typisch für ihn war. Zuerst gab es nur ein paar Kopfnüsse, dann Ohrfeigen, die immer heftiger wurden. Als Friedrich Wilhelm dann auch noch das Porzellan auf

Porträt von Friedrichs Mutter Sophie Dorothea von Preußen, 1737, von Antoine Pesne

Wie kam es zu dem legendären Vater-Sohn-Konflikt?

Das Tabakskollegium Friedrich Wilhelms I. in Schloss Königs Wusterhausen, Stich nach Adolph Menzel, 1840

dem Tisch zu zerschlagen begann, griff Grumbkow beherzt ein und rettete die Situation. Immer wieder aber prügelte fortan der Vater seinen Sohn, auch öffentlich. Dabei hatte er eigentlich Angst um den Kronprinzen, der ihm zu weich und zu zart erschien und dessen musischer Begabung und Intelligenz er mit Misstrauen begegnete.

Berühmt wurde Friedrichs Versuch, durch einen Brief Gnade vor seinem Vater zu finden: »Ich bitte also meinen lieben Papa, mir gnädig zu sein, und kann hiebei versichern, dass nach langem Nachdenken mein Gewissen mir nicht das Mindeste geziehen hat, worin ich mir etwas zu reprochieren haben sollte; hätte ich aber wider mein Wissen und Willen getan, dass meinen lieben Papa verdrossen habe, so bitte ich hiermit untertänigst um Vergebung, und hoffe, dass mein lieber Papa den grausamen Hass, den ich aus allem Seinen Tun genug habe wahrnehmen können, werde fahren lassen.«

Der Vater aber konnte in solchen Zeilen nur Hinterlist und Verstocktheit erkennen. Unversöhnlich antwortete er: »Sein eigensinniger böser Kopf, der nicht seinen Vater liebet; denn wenn man seinen Vater liebet, so tut man, was er haben will, nicht wenn er dabei steht, sondern wenn er nicht alles sieht.« Der Vater nannte seinen Sohn einen Narren, der nur seinem eigenen Kopf folge. Später schrieb Friedrich Wilhelm sogar an Friedrich: »Wenn mein Vater mich so behandelt hätte, so hätte ich mich längst umgebracht. Aber du hast keinen Mut und bist ein bloßer Schurke.«

Wie kam es zu dem legendären Vater-Sohn-Konflikt?

> »Der einundvierzigjährige Mann und der siebzehnjährige Jüngling saßen, durch wenige Stufen, Wände und Balken getrennt, am Schreibtisch und klagten sich in Briefen an, als gelte es, aller Welt und künftigen Zeit die Dokumente solcher Erbitterung zu überliefern. Es war, als sollte niemals ein Zweifel darüber entstehen, dass in der Reihe der Friedrich Wilhelm und der Friedrich von Hohenzollern zwei im Jahre 1729 zur Herbstzeit tödliche Feinde geworden waren über dem Gebot ›Den Königs von Preußen‹ ... Da stießen Traum und Wirklichkeit, Verlockung und Notwendigkeit aufeinander, und alle Bitterkeit des Irdischen erfüllte das Jagdschloss.«
> Jochen Klepper in *Der Vater*

Friedrich als zwei Jahre altes Kind mit seiner Schwester Wilhelmine, spätere Markgräfin von Bayreuth, 1714, von Antoine Pesne

Noch im Siebenjährigen Krieg erzählte Friedrich seinem Vertrauten Henri de Catt (1725–1795) in einer schwachen Stunde von einer mit dem Vater erlebten Szene: Er habe mit seinem Lehrer gerade Latein geübt, als der Vater hereinkam, der verboten hatte, dem Sohn Latein beizubringen. Zuerst habe der König den von ihm selbst ausgesuchten Lehrer, einen früheren Soldaten, mit Schlägen und Fußtritten traktiert, während er, Friedrich, vor Angst unter den Tisch gekrochen sei. Aber anschließend habe der Vater sich zornesrot ihm zugewandt: »Ich zitterte noch mehr; er packt mich an den Haaren, zieht mich unter dem Tisch hervor, schleppt mich so bis in die Mitte des Zimmers und versetzte mir endlich einige Ohrfeigen: ›Komm mir wieder mit deiner mensa, und du wirst sehen, wie ich dir den Kopf zurechtsetze.‹«

Dem Kronprinzen war das Reisen nicht erlaubt, schon gar keine Bildungsreise, wie damals durchaus schon üblich. Bestenfalls durfte er den König auf seinen häufigen Inspektionsreisen durch das Land begleiten. Eine Reise nach Dresden an den sächsischen Hof berührte den 16 Jahre alten Kronprinzen allerdings nachhaltig. In Sachsen lernte er ein anderes, lebenswerteres Leben kennen mit Theater, Bällen, Kunst, schönen Frauen, Redouten, Feuerwerk. Dort wurde er bewundert wegen seines Flötenspiels. Und dort erlebte er auch, wie sein Vater sich vor aller Welt blamierte: Seine Ballhose platzte, und eine andere hatte er nicht dabei.

Umso mehr hasste Friedrich das freudlose Leben seines strengen Vaters, Schloss Königs Wusterhausen, das Biertrinken und Rauchen im »Tabakskollegium«, die Abwesenheit von Frauen, die Jagd, die derben Späße des Professor Jakob Paul von Gundling (1673–1731), einer eigenwilligen Mischung aus Gelehrtem und Hofnarren, die »Langen Kerls« und auch die seltsame Malerei des Vaters. 1729 dachte Friedrich erstmals an Flucht, »weil Dero Herr Vater immer ungnädiger auf ihn geworden«. 1730 demütigte Friedrich Wilhelm seinen Sohn, als sie Gäste in einem Heerlager von August dem Starken (1670–1733) waren, vor den Augen der Repräsentanten aller wichtigen europäischen Fürstenhäuser. Er schlug ihn, zerrte ihn an den Haaren und zwang ihn, in seinem elenden Zustand an der Parade teilzunehmen. Der Konflikt zwischen Vater und Sohn spitzte sich ins Unerträgliche zu. Erst nachdem Friedrich Wilhelm seinen Sohn mit dem Tod bedroht hatte, besserte sich das Verhältnis. Allerdings lag darin bei Friedrich keine Vaterliebe. Es war die Einsicht in die unbegrenzte Macht des Vaters und die Gewissheit, nach ihm regieren zu können. Friedrich machte gute Miene zum bösen Spiel, wie man so sagt. Er wartete auf seine Stunde. Obwohl immer wieder auf den Tod krank, starb Friedrich Wilhelm erst 1740.

Wie kam es zu dem legendären Vater-Sohn-Konflikt? 37

Weshalb nahm der Fluchtversuch Friedrichs vor seinem Vater ein so bitteres Ende?

1730 hatte Kronprinz Friedrich genug von seinem tyrannischen Vater und plante die Flucht. Dabei sollten ihm zwei Vertraute helfen. Der Plan wurde dem König hinterbracht, die Rache Friedrich Wilhelms war furchtbar. Sie ging als Katte-Tragödie in die preußische Geschichte ein.

Die Hinrichtung Kattes vor den Augen Friedrichs, 1730

Friedrich hoffte darauf, durch Heirat und damit eigenen Haushalt endlich seinem Vater entgehen zu können. Seine Mutter Sophie Dorothea wollte den Kontakt nach England festigen, indem Wilhelmine den englischen Thronfolger, den Prinzen von Wales, und Friedrich dessen Schwester heiraten sollte. Aber die Väter verhinderten das. Friedrich Wilhelm mochte das Welfenhaus nicht, und Georg II. konnte mit seinem Vetter aus der Mark Brandenburg nichts anfangen. Als auch hier Friedrichs Pläne durchkreuzt waren, sann er auf Flucht nach England. Zwei Vertraute sollten ihm dabei helfen: Peter Karl Christoph von Keith (1711–1756) und Hans Hermann von Katte (1704–1730). Auf einer Inspektionsreise des Königs durch Süddeutschland sah Friedrich seine Stunde gekommen. Das Gefolge des Königs übernachtete am 4. August 1730 in Steinsfurt bei Sinsheim. Friedrich erhob sich vor der Zeit von seinem Nachtlager in einer Scheune. Ein Bruder Keiths, der Page am Hof des Königs war, sollte die Pferde für die Flucht bereitstellen. Aber er kam zu spät. Inzwischen hatte Friedrichs Begleitung begriffen, was der Kronprinz vorhatte. Man hätte wohl sogar über den Vorfall geschwiegen, hätte der Page dem König am Ende nicht alles offenbart.

Weshalb nahm der Fluchtversuch Friedrichs vor seinem Vater ein so bitteres Ende?

Der König ließ sich zunächst auch nichts anmerken, zumal man nicht auf preußischem Boden war. Am 8. August aber auf dem Rhein brach Friedrich Wilhelms Zorn über den Sohn herein. Er schrie ihn an, schlug ihn und zückte sogar seinen Degen, sodass einer der Höflinge dazwischengehen musste, um eine Tragödie zu verhindern.

Schließlich gelangte der Tross am 10. August in Wesel wieder auf preußisches Gebiet. Friedrich Wilhelm ließ seinen Sohn sogleich festsetzen. Friedrich rechnete in diesem Augenblick damit, dass der Vater über ihn das Todesurteil verhängen würde. Man brachte ihn in die Festung Küstrin, heute auf der polnischen Seite der Oder gelegen. Dann wurde Katte festgenommen, der noch in Berlin war und Friedrich hatte ins Ausland folgen wollen. Katte kam vor den König, der ihn heftig misshandelte und vor ein Kriegsgericht in Köpenick stellte. Das entschied: lebenslange Haft. Der König kassierte das Urteil. Das geltende Recht verlange für Deserteure die Todesstrafe.

Am 4. November 1730 wurde auch Katte nach Küstrin gebracht. Zwei Tage später im Morgengrauen fand die Hinrichtung statt. Der König hatte befohlen, dass sein Sohn zusehen musste. Friedrich ahnte nicht, was auf ihn zukam, als er ans Fenster geführt wurde. Dann sah er Katte zwischen zwei Geistlichen. »Verzeih mir, mein süßer Katte«, soll er auf Französisch gerufen haben. Und Katte rief zurück: »Der Tod für einen so liebenswürdigen Prinzen ist süß.« Dann wurde ihm das Haupt abgeschlagen. Friedrich aber war schon zuvor in Ohnmacht gefallen, sodass er nicht sehen musste, wie sein Freund starb. Allerdings hatte der Vater befohlen, dass Kattes Leichnam bis in den Nachmittag hinein vor dem Fenster des Kronprinzen liegen bleiben sollte, bedeckt nur von einem schwarzen Tuch.

Hans Hermann von Katte, um 1729, Georg Lisiewski

»Und doch ist der eigentliche Mittelpunkt dieser Tragödie nicht Friedrich, sondern Katte. Er ist der Held, und er bezahlt die Schuld.« Theodor Fontane, *Wanderungen durch die Mark Brandenburg*, 1862–1889

11 Weshalb unterwarf sich Friedrich schließlich seinem strengen Vater?

Nach Kattes Hinrichtung konnte sich Friedrich nicht sicher sein, dass der Vater nicht auch noch über ihn den Stab brechen würde. Nach und nach aber wurden seine Haftbedingungen gelockert. Friedrich entschloss sich, dem Vater zu gefallen. Er wollte fortan nur eines: König werden.

Friedrich versöhnt sich mit seinem Vater an dessen 43. Geburtstag, am 14. August 1731.

Niedergeschlagen und zerknirscht verbrachte Friedrich die ersten Wochen in seinem Küstriner Gefängnis. Die Einsamkeit und Isolation begannen ihm zuzusetzen. Er rechnete damit, die Thronfolge zu verlieren und womöglich den Rest seines Lebens in Küstrin zubringen zu müssen. Ende November 1730 änderte sich Friedrichs Lage. Der scharfe Arrest wurde aufgehoben. Friedrich konnte sich nun in der Festung frei bewegen, musste aber fortan in der Kriegs- und Domänenkammer als eine Art Volontär mitarbeiten. Seinem Vater ließ er versichern: »Der König möge es mit ihm machen, wie er wollte, so würde er den König dennoch lieb haben und seinen Respect und

Die Prädestinationslehre

Prädestination heißt Vorherbestimmung, die Prädestinationslehre berührt die Frage der Gnadenwahl. Theologisch geht es um ein Problem, das keineswegs nur die christliche Religion berührt: Gibt es eine »Gnadenwahl Gottes«, durch die jeder Mensch gleichsam in seiner Rolle feststeht, oder kann der Mensch durch seinen freien Willen den Glauben wählen und durch sein Handeln an seinem Heil mitwirken? Ist jeder Mensch entweder zur Seligkeit bestimmt oder zur Verdammnis durch Gott? Oder kann er sozusagen selbst dazu beitragen? Friedrich glaubte, anders als sein Vater, zunächst an die Vorherbestimmung – bevor er sich der Aufklärung zuwandte. Ihm gelang es in seiner Küstriner Zeit, in dem theologischen Streit mit Friedrich Wilhelm so geschickt zu argumentieren, dass der Vater, der seinem Sohn gegenüber sehr wohl von einem schlechten Gewissen gepeinigt wurde, seine Erziehungsmethoden aber für die richtigen hielt, in die Defensive geriet. An dem Streit, dessen Gegenstand Friedrich im Grunde gar nicht interessierte, fiel besonders seine geistreiche Argumentation auf.

Weshalb unterwarf sich Friedrich schließlich seinem strengen Vater?

Friedrich während seiner Gefangenschaft auf der Festung Küstrin an der Oder, Herbst 1730 (Grafik aus: *Der alte Fritz in fünfzig Bildern*, 1895)

Liebe von ganzem Herzen nimmermehr verlieren.« Erstaunlich rasch kehrten im Kronprinzen Zuversicht und Unbekümmertheit zurück. »Lustig wie ein Buchfink« sei er, wurde dem König vermeldet.

Allerdings gab es im Verhältnis von Vater und Sohn dann noch einmal eine Krise. Sie betraf die Religion, genauer die Prädestinationslehre. Aber auch hier lenkte Friedrich letztlich ein.

Der Vater beschloss schließlich, nach Küstrin zu kommen. Am 14. August 1731, seinem 43. Geburtstag, traf er ein. Friedrich fiel ihm zu Füßen. Der König blieb streng und redete seinem Sohn ins Gewissen. Zum Schluss aber sagte er, er wolle nun vergeben. Friedrich fiel abermals auf die Knie und küsste des Vaters Füße. Der Vater hob ihn auf und schloss ihn in die Arme.

Fortan bekam der Kronprinz in der Kriegs- und Domänenkammer eine eigene Stimme und erhielt seinen Degen zurück. Und auch die Lebenslust kehrte zurück. In Küstrin wurde hin und wieder gefeiert, es gab manchen Scherz. Friedrich schrieb auf Französisch Gedichte und schickte sie der Frau des Festungskommandanten, in die er sich wohl verliebt hatte. Im November durfte er zur Hochzeit des künftigen Markgrafen von Bayreuth mit Wilhelmine, seiner älteren Schwester, erstmals wieder nach Berlin. Er wurde erneut in die Armee aufgenommen, zum Obersten befördert und mit dem Infanterieregiment Goltz bedacht, das in Nauen und Ruppin lag. Die eigentliche Unterwerfung stand ihm da aber noch bevor: seine Hochzeit.

12 Wer waren die Geschwister Friedrichs II.?

Friedrich hatte neun Geschwister, drei Brüder und sechs Schwestern. Besonders nah stand ihm seine ältere Schwester Wilhelmine. Sein Bruder Heinrich war ihm in beinahe jeder Beziehung ebenbürtig, beide waren Genies. Schwer wog Friedrichs Auseinandersetzung mit August Wilhelm.

Wilhelmine war das erste Kind von Friedrich Wilhelm und Sophie Dorothea (1687–1757) aus dem Hause Hannover, das überlebte. Friedrich war drei Jahre jünger als sie. Zu Wilhelmine hatte er ein inniges, allerdings nicht durchweg ungetrübtes Verhältnis. Beide verband vor allem die schwere Kindheit unter ihrem tyrannischen Vater. Ihr Briefwechsel füllte Bände. Wilhelmine wurde später Markgräfin von Bayreuth.

Die drei Brüder Friedrichs waren August Wilhelm (1722–1758), Ferdinand (1730–1813) und Heinrich (1726–1802). August Wilhelm war als Thronfolger

Friedrich mit seinen Brüdern Ferdinand, August Wilhelm und Heinrich (von links), 1737, von Carlo Francesco Rusca

ausersehen, starb aber früh. Zwischen Friedrich und August Wilhelm kam es 1756, zu Beginn des Siebenjährigen Kriegs, zu einer heftigen Auseinandersetzung. Nach der verlorenen Schlacht von Kolin mussten die Preußen die Belagerung Prags aufgeben. Die Armee sollte sich in die Lausitz zurückziehen, und zwar geteilt auf getrennten Wegen. Friedrich führte den einen Teil seiner Truppen sicher nach Bautzen. August Wilhelm kommandierte den anderen, der immer wieder von den Österreichern angegriffen wurde, sodass er nicht nur länger als geplant brauchte, sondern auch noch die Bagage verlor. Friedrich entzog seinem Bruder daraufhin rüde das Kommando. August Wilhelm kehrte »mit gebrochenem Herzen«, wie es heißt, in die Heimat zurück. Das wiederum brachte Ferdinand und Heinrich gegen ihren königlichen Bruder auf.

Königin Luise Ulrike von Schweden war eine Schwester Friedrichs. Um 1744, von Antoine Pesne

Ferdinand wird als etwas einfältig, aber gutherzig beschrieben, ein Mann, der es liebte, hin und wieder »die Sau rauszulassen«. Sein größtes Verdienst war es wohl, Vater von Prinz Louis Ferdinand (1772–1806) geworden zu sein, der als besonders schön und verwegen galt. Mit Heinrich verband Friedrich eine Art Hassliebe. Dieser litt darunter, keine Aussicht auf den Thron zu haben. Dabei war er als Offizier genauso geschätzt wie als Diplomat. Er hat seinem königlichen Bruder manchen Dienst erwiesen – und Friedrich hat ihn reich dafür beschenkt. Das heutige Hauptgebäude der Humboldt-Universität in Berlin war Heinrichs Palais. Friedrich hat Heinrich auch Rheinsberg geschenkt, was diesen nicht davon abhielt, den Park zu einer Art antifriderizianischem Denkmal zu gestalten. Denn August Wilhelm wird dort mit zwei Statuen geehrt. Auf dem Obelisk jenseits des Grienericksees sind alle preußischen Heerführer aus dem Siebenjährigen Krieg erwähnt, nur einer fehlt: Friedrich, der König.

Die Schwestern waren außer Wilhelmine Friederike Luise (1714–1784), Philippine Charlotte (1716–1801), Sophie Dorothea Marie (1719–1765), Luise Ulrike (1720–1782) und Anna Amalia (1723–1787), genannt Amalie. Richtig glücklich geworden ist keine von ihnen. Friederike endete nach unglücklichen Ehejahren im Wahnsinn. Sophie wurde nach Schwedt verheiratet und litt unter den engen Verhältnissen dort. Philippine immerhin hatte ein vergleichsweise erfülltes Leben. Sie war aber auch eine Frohnatur und von robuster Gesundheit. Die als besonders schön beschriebene Schwester Ulrike wurde Königin von Schweden, Amalie Äbtissin von Quedlinburg. Sie galt als herausragende Musikerin.

»Du wirst stets ein kläglicher Heerführer sein. Kommandiere einen Harem, wohlan; aber solange ich lebe, vertraue ich dir keine zehn Mann mehr an.« Friedrich II. am 19. Juli 1757 zu seinem Bruder August Wilhelm

13 Wie war es um Friedrichs Qualitäten als Ehemann bestellt?

Friedrich der Große war als Ehemann alles andere als groß. Die Frau, die ihm sein Vater bestimmt hatte, kam aus dem Haus Braunschweig-Bevern. Friedrich hat nur in seiner Zeit als Kronprinz mit ihr zusammengelebt. Als er König wurde, verbannte er sie in das Schloss Schönhausen.

Friedrichs Ehefrau hieß Elisabeth Christine (1715–1797). Sein Vater hatte sie für ihn ausgesucht, um das Bündnis mit dem Kaiserhaus zu festigen. Gerade an den Hochzeitsvorbereitungen lässt sich das zu dieser Zeit völlig verlogene Verhältnis zwischen Friedrich Wilhelm und seinem Sohn Friedrich erkennen. Friedrich schrieb seinem Vater: »Sie mag sein, wie sie will, so werde ich jederzeit meines allergnädigsten Vaters Befehle nachleben; und mir nichts Lieberes geschehen kann, als wenn ich Gelegenheit habe, meinem allergnädigsten Vater meinen blinden Gehorsam zu bezeigen.« In einem Brief an Grumbkow, den Minister, klang das anders: »Was die Prinzessin von Bevern betrifft, so kann man auf eins rechnen: Wenn ich gezwungen werde, sie zu heiraten, werde ich sie verstoßen, sobald ich der Herr bin.« Er wolle keine Gans zur Frau. Die größte Hure von Berlin sei ihm lieber. An anderer Stelle klagte er: »Man will mich mit Stockschlägen verliebt machen.«

1732 war die Verlobung in Berlin. Am 12. Juni 1733 wurde die Ehe in der Heimat der Braut, im Lustschloss von Salzdahlum bei Wolfenbüttel, geschlossen. Friedrich bezeichnete seine Braut als weder schön noch hässlich. Sie überragte ihn. Der Hofangestellte Jakob Friedrich Bielfeld (1716–1770), ein Vertrauter aus den Rheinsberger Kronprinzentagen, beschrieb sie geradezu begeistert als edel gewachsen, mit zarter Haut und aschblondem Haar, blauen Augen, offener Stirn und gutem Geschmack.

Im geheimen Tagebuch des österreichischen Gesandten Friedrich Heinrich Seckendorff (1673–1763) hieß es: »Der Kronprinz liebt die Kornprinzessin; er hat Schulenburg ihre Briefe gezeigt und gesagt: ›Sie hat doch gesunden Verstand.‹ Er f… und f… sie. Schulenburg kann nur lachen, wenn es heißt, er werde sie nach dem Tod des Königs heimschicken.«

Friedrich aber schrieb noch am Hochzeitstag an seine Schwester Wilhelmine: »Eben in diesem Augenblick ist die feierliche Handlung zu Ende, und Gott sei Dank, dass alles vorüber ist.« In der Hochzeitsnacht soll er gerade eine Stunde mit seiner Angetrauten im Bett verbracht haben, ließ Seckendorff die Nachwelt wissen, spricht dabei aber auch nur von Gerüchten.

Flugblatt zur Goldenen Hochzeit Friedrichs, 1783

Wie war es um Friedrichs Qualitäten als Ehemann bestellt? 45

Friedrichs Gemahlin Elisabeth Christine, 1740, von Antoine Pesne. Nach seiner Thronbesteigung verstieß er sie.

Elisabeth Christine bewunderte den für sie ausgesuchten Mann. Ihr verdankte er seinen eigenen Hausstand. Nach der Thronbesteigung spielte die Königin im Leben des Königs keine Rolle mehr, auch wenn er ihr zeitlebens Achtung entgegenbrachte. Sie wohnte im Sommer, später auch das ganze Jahr über im Schloss Schönhausen, heute im Berliner Stadtbezirk Pankow gelegen. Als Elisabeth Christine 1757 vor den Österreichern aus Berlin fliehen musste, kam sie nach Potsdam und sah zum ersten Mal in ihrem Leben Sanssouci. Als Friedrich seine Frau Elisabeth Christine nach langer kriegsbedingter Abwesenheit 1763 in Berlin wiedersah, hatte er nichts Besseres zu sagen als: »Madame sind korpulent geworden.«

Dass die Ehe kinderlos bleiben würde, wusste Friedrich offenbar schon bei der Hochzeit. Elisabeth Christine überlebte ihren Mann um elf Jahre. Sie wurde in der Gruft des Berliner Doms beigesetzt.

»Sie ist wohl aufgezogen, modeste und eingezogen, so müssen Frauen sein; die Prinzessin ist nicht hässlich; sie ist ein gottesfürchtiges Mensch.«
Friedrich Wilhelm I. an seinen Sohn Friedrich

14 Weshalb ließ Friedrich sich eine Pforte in die Neuruppiner Stadtmauer brechen?

Anderthalb Jahre hatte Friedrich in Küstrin zubringen müssen. Im Juni 1732 kam er nach Neuruppin zu seinem Regiment. Vier Jahre blieb er hier. Mit seinen Freunden traf er sich im Amalthea-Garten gleich hinter der Stadtmauer. Friedrich Wilhelm war zufrieden mit seinem Sohn.

Friedrich wollte sich als Soldat und Offizier bewähren, denn genau das erwartete sein Vater von ihm. Tatsächlich machten seine Truppen bei den Inspektionen des Königs die beste Figur. Friedrich warb neue Rekruten und kümmerte sich gleichzeitig um die Stadt – durchaus im eigenen Interesse. So ließ er etwa die Stadtmauer instand setzen, damit keiner seiner Soldaten desertieren konnte, denn Mecklenburg war nicht weit. Aber auch der Wall, die Grünanlage um die Stadtmauer herum, ist sein Verdienst. Vier Jahre lang lebte der Kronprinz in Neuruppin. Freilich war er oft monatelang abwesend, so etwa im Rheinfeldzug gegen Frankreich 1734, wo er zum ersten Mal den militärischen Alltag erlebte.

Von Ruppin fern hielt ihn aber auch der Gesundheitszustand seines Vaters. 1734 rechnete alle Welt mit dessen Tod. Friedrich sah sich schon als König. Aber Friedrich Wilhelm, von Friedrich »unser Dicker« genannt, kam noch einmal zu Kräften und lebte noch sechs Jahre lang. Die Reisen nach Königs Wusterhausen zum Vater waren für Friedrich noch immer der Schrecken schlechthin, denn dort käme er »in die peinlichste, unerträglichste und traurigste Lage«, wie er seiner Schwester Wilhelmine schrieb.

Friedrich Wilhelm war überrascht davon, welch guten Eindruck das Regiment des Kronprinzen schon bei der ersten Revue machte. Er begann so etwas wie Achtung für seinen Fritz zu empfinden. Das gipfelte kurz vor seinem Tod in dem Satz: »Ich sterbe zufrieden, da ich so einen würdigen Sohn und Nachfolger habe.«

Friedrich lebte in Neuruppin auf. Theodor Fontane meinte: »Das Leben, das er mit seinen Offizieren führte, war frei von allen Fesseln der Etikette, ja ein Übermut griff Platz, der unseren heutigen Vorstellungen von Anstand und guter Sitte kaum noch entsprechen dürfte.«

Das Haus oder Palais, in dem der Kronprinz wohnte, lag nahe der Stadtmauer. Hinter der Mauer besaß er einen Garten. Um nicht durch die halbe Stadt laufen zu müssen, um den Garten erreichen zu können, ließ er eine

Weshalb ließ Friedrich sich eine Pforte in die Neuruppiner Stadtmauer brechen?

Stadtansicht von Neuruppin um das Jahr 1700

Pforte in die Stadtmauer brechen, die »Prinzenpforte« genannt wurde. Obgleich inzwischen längst wieder zugemauert, ist sie bis heute noch erkennbar. Seinen Garten, der in gewisser Weise ein Vorläufer der Anlagen von Rheinsberg und Sanssouci war, nannte er Amalthea – nach der Nymphe, die Zeus genährt hat. In diesem Garten ließ er einen Pavillon errichten, einen »Tempel«, der im Keller eine Küche aufwies und sonst nur aus einem Esszimmer bestand. Es war der erste Bau von Georg Wenzeslaus von Knobelsdorff im Auftrag des Königs. Theodor Fontane beschreibt den Garten in seinen *Wanderungen*: »Da blüht es und duftet es; Levkojen und Melonen werden gezogen, und auf leis ansteigender Erhöhung erhebt sich der ›Tempel‹, der Vereinigungspunkt des Freundeskreises, den der Kronprinz hier allabendlich um sich sammelt.« Garten und Pavillon gingen 1854 in den Besitz der Familie Gentz über, die beides zu einer Erinnerungsstätte ausbaute.

Friedrich hat kurz nach Amtsantritt 1740 Ruppin noch einmal besucht, in den folgenden 46 Jahren nie wieder.

> »Ich brenne vor Ungeduld, meine Wein, meine Kirschen und meine Melonen wieder zu sehen.«
> Kronprinz Friedrich in einem Brief 1737

15 Stimmt es, wenn Friedrich sagt, er sei nur in Rheinsberg glücklich gewesen?

Es scheint so. König Friedrich Wilhelm schenkte seinem Sohn Rheinsberg, nachdem Friedrich es auf seinen Streifzügen während der Ruppiner Garnisonzeit entdeckt hatte. Hier verlebte Friedrich die schönsten Jahre seiner Kronprinzenzeit und machte aus Rheinsberg einen Musenhof.

»Das Unglück hat mich immer verfolgt. Ich bin nur in Rheinsberg glücklich gewesen«, sagte Friedrich, als seine Kronprinzentage schon lange hinter ihm lagen. Am Grienericksee gab es damals nur ein schmuckloses Herrenhaus im gotischen Stil mit einem Turm, der wohl noch aus jener Zeit stammte, als Rheinsberg eine Grenzfestung zu Mecklenburg war. Je häufiger der Kronprinz den verwunschenen Ort inmitten dichter Buchenwälder und Seen sah, desto mehr ergriff ihn der Wunsch, das Anwesen zu besitzen. Der Vater erfüllte ihm diesen Wunsch. Rheinsberg wurde 1734 für den Kronprinzen gekauft – vom Geld des Vaters und aus der Mitgift von Elisabeth Christine, Friedrichs Frau. Bevor aber das junge Kronprinzenpaar dort einziehen konnte, wurde Rheinsberg Baustelle. Anfangs ging es nicht recht vorwärts, dann aber wurde Knobelsdorff mit dem Umbau beauftragt, der sich zuvor in Italien umgesehen hatte. Ihm gelang ein großer Wurf, indem er einen zweiten Turm hinzufügte und beide Türme durch einen offenen Säulengang verband. Die Dreiflügelanlage wirkt harmonisch und schlicht, wenn man von der Stadt aus in die Schlossanlage eintritt. Einzigartig aber wird der Anblick von der Seeseite her, vor allem vom anderen Seeufer aus, wenn sich das Schloss im Wasser des Grienericksees spiegelt.

Friedrich bezog sein Studierzimmer im alten Turm. Im Saal des gegenüberliegenden Schlossflügels schuf Antoine Pesne (1683–1757) das Deckengemälde *Die aufgehende Sonne vertreibt die Schatten der Finsternis*. Das Thema entnahm er Ovids *Metamorphosen*. Gemeint freilich war etwas anderes: Friedrichs Hoffnung auf die eigene Zukunft nach Friedrich Wilhelm I. So wurde schon unter den Zeitgenossen der Titel umgedichtet in »Der junge Leuchteprinz vertreibt den König Griesegram«.

In Rheinsberg konnte Friedrich zum ersten Mal in seinem Leben aufatmen. Der Vater kam nur einmal und wurde so empfangen, wie er sich das vorstellte: mit Jagden und deftigen Mahlzeiten. Aber sonst ging es ähnlich feinsinnig zu, wie die gesamte Anlage aus Barock und Rokoko in ihren Pas-

Kronprinz Friedrich besucht den Maler Antoine Pesne auf dem Malgerüst im Saal des Rheinsberger Schlosses. 1738/40, von Adolph Menzel, 1861

telltönen wirkt. In Rheinsberg war die Hofetikette außer Kraft gesetzt. Friedrich konnte sich seinen Freundeskreis selbst aussuchen und war nicht nur, wie etwa in Ruppin, auf den Umgang mit den Offizieren der Garnison angewiesen. Charles Etienne Jordan (1700–1745) gehörte zum Rheinsberger Kreis, Friedrichs erster Vorleser, der später an die Akademie berufen wurde. Ebenso gehörten dazu die geistreichen Offiziere Christoph Ludwig von Stille (1696–1752) und Heinrich August de la Motte Fouqué (1698–1774) sowie Isaak Franz Egmont Vicomte de Chasot (1716–1797), ein Mann von loser Zunge, der sich mit Jordan an der Rheinsberger Tafel wilde Rededuelle lieferte und von dem erzählt wird, sein Flötenspiel sei derart furchtbar und laut gewesen, dass niemand neben ihm habe wohnen wollen. Der Baumeister Knobelsdorff gehörte selbstverständlich auch zu der geselligen Runde wie der Maler Pesne, der Friedrich in der Rheinsberger Zeit gleich mehrfach porträtierte.

Schließlich muss Dietrich Freiherr von Keyserling (1698–1754) erwähnt werden, der 14 Jahre älter war als der Kronprinz und dessen Verhältnis zu Friedrich als zärtlich beschrieben wurde, um nicht zu sagen homoerotisch. Keyserling hatte zweifellos – genau wie Jordan – gehofft, später auch dem König nahe sein zu dürfen. Immerhin wurde er bei der Krönung Friedrichs in den Grafenstand erhoben. Einen wichtigen Posten erhielt er indes nicht.

»Sollte man mich töten, so wünsche ich, dass man meinen Körper nach Römerart verbrenne und in Rheinsberg in einer Urne beisetze.«
Friedrich in der Zeit des Ersten Schlesischen Kriegs

Schloss Rheinsberg vor dem Umbau 1734

Sein Einfluss war eher inoffiziell. Francesco Algarotti (1712–1764), der italienischer Schriftsteller, dem Friedrich mehrere Gedichte widmete und den er 1740 für einige Zeit nach Berlin berief, war ebenfalls Gast in Rheinsberg. Auch seine Lieblingsschwester Wilhelmine, damals schon Markgräfin von Bayreuth, besuchte Friedrich in seinem Refugium, das er auch Remusberg nannte – wegen einer angeblich alten, auf alle Fälle aber falschen Geschichte, nach der Remus auf der Flucht vor seinem Bruder Romulus bis in den märkischen Norden gekommen sein soll.

In Rheinsberg beschrieb Friedrich sich als einen Menschen, »der die Nase ins Buch steckt, es hinlegt, um zur Feder zu greifen, und diese dann mit der Querflöte vertauscht«. Es wurde Theater gespielt, musiziert, philosophiert, man traf sich zu Ausflügen in den Forst der Umgegend, auf Booten, zu Pferde oder zu Fuß. In Rheinsberg lud der Kronprinz zu Tafelrunden, wie sie später – auf einem freilich viel höheren geistigen Niveau – auch zum Alltag in Sanssouci gehörten. Tatsächlich bezeichnete Friedrich Schloss Rheinsberg zunächst als sein Sanssouci, bis der Name auf das Weinbergschloss in Potsdam überging. In Rheinsberg begann Friedrich auch den Briefwechsel mit Voltaire, und dort verfasste er in seinem runden Arbeitszimmer neben vielen Briefen und Gedichten seinen *Antimachiavell*. Schließlich soll er dort auch noch die Liebe genossen haben – und nicht nur zur eigenen jungen Frau. Bis heute hält sich das Gerücht, es habe da die 17-jährige Tochter eines Försters gegeben …

Friedrich beim Baumpflanzen in seinem Rheinsberger Garten, 1737

Nur vier Jahre blieben dem Kronprinzen in der Idylle, unterbrochen von längeren Reisen, vor allem einer Inspektionsreise nach Ostpreußen. Ende Mai 1740 starb der Vater, Friedrich wurde gekrönt. Kurz vor Ende seiner Kronprinzenzeit brach in Rheinsberg ein Feuer aus, nur das Schloss, die Kirche und einige wenige Häuser blieben erhalten. Friedrich kümmerte sich um den Wiederaufbau. Erstmals baute man die Häuser im Ort aus Stein.

Vier Jahre war Friedrich schon König, als er das Anwesen seinem Bruder Heinrich schenkte, der 14 Jahre jünger war und den er selbst über das Taufbecken gehalten hatte. Noch heute suchen die Ausflügler in Rheinsberg vor allem den jungen Friedrich. Sie finden aber vor allem Heinrich. Erst dieser hat Rheinsberg wirklich zu einem Musenhof gemacht. Beinahe fünf Jahrzehnte lang hat er in Rheinsberg gelebt. Er wurde im Park von Rheinsberg beigesetzt – unter einer Pyramide mit fehlender Spitze, Symbol eines unvollendet gebliebenen Lebens.

Rheinsberg ist noch zweimal auf denkwürdige Weise in die Literatur eingegangen. Fontane schrieb, ihm sei die Idee für seine *Wanderungen durch die Mark Brandenburg* gekommen, als er in Schottland ein altes Douglas-Schloss besuchte, das ihn plötzlich wie bei einer Fata Morgana an das Rheinsberger Schloss erinnerte. Und Kurt Tucholsky (1890–1935) beschrieb Rheinsberg als »Bilderbuch für Verliebte«: Die Wochenendreise von Klärchen und Wölfchen aus Berlin lässt sich auch heute noch so ähnlich erleben – vorausgesetzt freilich, man ist verliebt.

16 Was verband Friedrich mit Voltaire?

Das 18. Jahrhundert wird mitunter auch das Jahrhundert Voltaires genannt. Friedrich schmückte sich mit dem großen französischen Denker, zunächst im Briefwechsel, später mit dem berühmten Gast in Sanssouci. Er ließ ihn aber auch seine Macht spüren. Voltaire rächte sich mit Streit und Intrige.

Voltaire war ein universeller Geist, sprühend vor Gedanken, beredt und unterhaltend, dabei eitel bis zur Unerträglichkeit, verlogen, zynisch und intrigant, dann wieder außerordentlich liebenswürdig. Er verkörperte gleichsam den Geist der Aufklärung: Gewissensfreiheit, religiöse Toleranz und politische Gleichheit. Das brachte ihn immer wieder in Schwierigkeiten. Er war eine Art Popstar des Geistes.

In Rheinsberg suchte der junge Friedrich den Kontakt mit dem 18 Jahre älteren Philosophen und Dichter. Er schrieb ihm schmeichelhafte Briefe. Voltaire schrieb ebenso schmeichelhaft zurück. Mit den Jahren entwickelte sich daraus ein intensiver Briefwechsel, die Themen waren weit gesteckt – von Literatur und Geschichtsschreibung über die Erörterung staatstheoretischer Fragen bis hin zu Klagen über Alter und Krankheit.

Friedrich wollte sich im Geist Voltaires sonnen, Voltaire in Friedrichs Macht. Eine Freundschaft konnte man das nicht nennen. Eher war es eine Mischung aus Anziehung und Abgestoßensein. Fünfmal haben sich beide getroffen. Zuletzt lebte Voltaire zweieinhalb Jahre lang am preußischen Hof und war der Star der Tafelrunde von Sanssouci. Dennoch waren die Begegnungen oft enttäuschend für beide Seiten.

1751 entschloss sich Voltaire sogar, nach Potsdam überzusiedeln. Zeitweise wohnte er im Potsdamer Schloss, nie allerdings in Sanssouci. Den Schritt, nach Preußen zu gehen, hatte er wohl erwogen. Einerseits schützte ihn Preußen vor Verfolgungen, andererseits glaubte Voltaire, die Nähe zum König werde auch auf Paris ausstrahlen und ihn in der Heimat glänzender dastehen lassen. Aber schon bald schrieb er: »Ich bin vollständig allein von morgens bis abends; ich kann mich nur trösten, indem ich Luft schöpfe.« Die Nichte und Geliebte Voltaires, Marie-Louise Denis (1712–1790), schrieb, ihr Onkel »ist nicht danach gemacht, bei Königen zu leben, sein Charakter ist zu lebhaft, zu inkonsequent und zu ungebärdig«.

Umso lebendiger war der Briefwechsel mit Friedrich, der am Ende drei Bände füllen sollte. Voltaire stand geistig zweifellos weit über dem König. Er

Friedrich und Voltaire in der Bildergalerie von Sanssouci, um 1900, von Georg Schwebel

war es, der Anregungen gab, nach Herzenslust widersprach und die Texte Friedrichs korrigieren und bearbeiten durfte, den *Antimachiavell* etwa, bei dem der Einfluss Voltaires kaum zu überschätzen ist. Der König aber lieferte sich Voltaire keineswegs aus, sondern ließ ihn die Macht spüren. War Voltaire am Hofe, musste er sich fügen. Er wurde vom König nur empfangen, wenn dieser es wollte, nicht umgekehrt. Das gefiel Voltaire schon deshalb nicht, weil er sich im Grunde für den König des Geistes hielt, der über allen Völkern Europas stand. Friedrich suchte die geistvolle Unterhaltung, ein wenig auch die Bildung, die Vervollkommnung im Französischen. In Voltaire aber erwachte der Ehrgeiz, als eine Art Spion der Franzosen die politischen Absichten Friedrichs herauszufinden.

Beide trafen sich 1740 zum ersten Mal. Friedrich war gerade König geworden. Die militärischen Spannungen waren zwar auch für Voltaire in Rheinsberg und Berlin spürbar, aber all seine Fragen nach den Absichten Friedrichs blieben ohne Antwort – oder wurden mit einem geistvollen Scherz abgetan. Friedrich schrieb Voltaire: »Ich denke nicht daran, mit Ihnen über Politik zu sprechen; das wäre genau so, wie einer Mätresse eine Medizin zu verabreichen.« Theodor Schieder nannte Voltaire einen »Amateurdiplomat«, den Friedrich nicht nur durchschaut, sondern auch noch gedemütigt habe, ohne freilich je die Achtung vor dem Geist Voltaires zu verlieren. So gesehen stand Friedrichs Charakter deutlich über dem Voltaires.

Zum Zerwürfnis kam es 1753, als Voltaire versuchte, mit gehässigen Sticheleien den Präsidenten der Akademie Pierre-Louis Moreau de Maupertius (1698–1759) herabzusetzen, weil er selbst gern Akademiepräsident geworden wäre. Er verbreitete eine Schmähschrift, die auch gleich die ganze Akademie und damit den König lächerlich zu machen suchte. In die Gespräche zwischen Voltaire und Friedrich kam ein scharfer Zug. Der König schrieb: »Ich konnte in meinem Haus Frieden halten bis zu Ihrer Ankunft, und ich sagte Ihnen neulich, dass Sie mit Ihrer Neigung zu Intrigen und Kabalen an die falsche Adresse gekommen sind.« Als Voltaire ankündigte, er wolle zu einer Badereise aufbrechen, wusste Friedrich, dass sein Gast sich ihm ent-

> **Voltaire**
> hieß eigentlich François-Marie Arouet und gehört zu den wichtigsten Vertretern der Aufklärung. Er hat etwa 750 Werke geschrieben, darunter das Epos über Heinrich IV. *Die Henriade* von 1723 und *Das Zeitalter Ludwigs XIV.* von 1751 sowie große Tragödien, zudem den berühmt gewordenen Roman *Candide oder der Optimismus* von 1759. Voltaire verbrachte einen beträchtlichen Teil seines Lebens außerhalb Frankreichs, zumal er eine Zeit lang in seiner Heimat verfolgt wurde, und kannte aus eigenem Erleben die Niederlande, England, Deutschland und die Schweiz. Mit seiner scharfzüngigen, oft überspitzten Kritik am Absolutismus, der Feudalherrschaft, vor allem aber an der katholischen Kirche wurde er einer der geistigen Wegbereiter der Französischen Revolution.

Was verband Friedrich mit Voltaire?

ziehen werde. Er, Friedrich, meinte spöttisch, da er ein so großer Bewunderer des Philosophen sei, habe er sich auch das Schauspiel seiner Ränke nicht entgehen lassen wollen. Weil Voltaire bei seiner Abreise auch einige Gedichte des Königs und weitere Schriften mitnahm und Friedrich unautorisierte Veröffentlichungen befürchtete, ließ er ihm nachsetzen und ihn zusammen mit seiner Nichte in Frankfurt am Main festnehmen. Erst nachdem Voltaire die Manuskripte herausgegeben hatte, war er wieder ein freier Mann.

Als der Siebenjährige Krieg begonnen hatte und es um Preußen schlecht stand, wechselten Voltaire und Friedrich wieder Briefe, zunächst über die Mittlerin Wilhelmine, Friedrichs Schwester in Bayreuth. Friedrich versuchte so Kontakt mit Frankreich herzustellen, das zur antipreußischen Allianz gehörte, und Voltaire sah sich abermals am großen Rad der Weltgeschichte drehen. Allerdings war sein Einfluss in Paris viel zu gering, als dass er auch nur ein Gespräch, geschweige denn Friedensverhandlungen, hätte in die Wege leiten können. Wieder kam es zu Verstimmungen, wieder wurde drei Jahre lang geschwiegen. Dann wurde die Korrespondenz doch noch einmal aufgenommen. Der Briefwechsel währte fast bis zum Tod Voltaires 1778. Friedrich II. schrieb über Voltaire einen Nachruf, der in der Berliner Akademie vorgelesen werden musste und in dem es hieß, Voltaire wiege eine ganze Akademie auf. Über das persönliche Zerwürfnis ließ der König freilich nichts verlauten. Auch nichts darüber, dass Voltaire in Friedrichs Schlössern sogar Kerzen gestohlen und in allem stets auf seinen Vorteil gesehen hatte.

Voltaire unterwegs in Pommern

17 Weshalb schrieb Friedrich seinen *Antimachiavell*?

Friedrich schrieb den *Antimachiavell* noch in Rheinsberg. Das Buch war seine intellektuelle Vorbereitung auf die Machtübernahme, erschien jedoch erst nach der Thronbesteigung des Autors – anonym. Voltaire hatte seine Hände im Spiel und ließ die Welt wissen, wer der Autor war.

Friedrich, den in Rheinsberg auf seine Stunde wartenden Kronprinzen, empörte an Niccolò Machiavellis (1469–1527) berühmter Schrift *Der Fürst* das Fehlen moralischer Werte. 1739 schrieb er seine Streitschrift, in der es gleich zu Beginn heißt: »Machiavelli verdarb die Politik und unternahm es, die Vorschriften der gesunden Moral auszuschalten.« *Der Fürst* sei als »eine der gefährlichsten Schriften anzusehen, die in der Welt verbreitet worden sind«.

Friedrich setzte nun dagegen: Nicht der giganteste und bösartigste dürfe Herrscher sein, sondern der uneigennützigste und gerechteste. Die Fürsten müssten, »ohne allzu nachsichtig zu sein, Güte walten lassen, damit sie ihnen zur Tugend und nicht zur Schwäche gereiche«. Der *Antimachiavell* war für den Kronprinzen eine Form der Selbstvergewisserung. Zwar ver-

Niccolò Machiavelli schrieb 1513 sein Buch *Der Fürst*, das 1532 posthum erschien.

> **Machiavellis *Der Fürst***
> erschien 1532, fünf Jahre nach seinem Tod. Bis heute wird die Schrift auf verschiedene Weise gelesen – als Analyse von Machtpolitik, sogar als Lehrbuch für Tyrannen, aber auch als Satire. Machiavellis Name wurde zum Synonym für kalte Machtpolitik. »Machiavellistisch« ist ein heute noch gebrauchter Begriff. Machiavelli kannte jedenfalls, was er beschrieb. Er war selbst Staatssekretär in seiner Heimatstadt Florenz gewesen und schließlich seines Postens enthoben worden. Von seinen Erfahrungen im Umgang mit der Macht berichtete er in seinem Büchlein, einem der Meisterwerke politischer Schriften aus der Renaissance. Machiavelli gibt sich, was Machtpolitik anbelangt, keiner Illusionen hin. Bei ihm sind Politik und Moral getrennt, und Politik hat für ihn viel mit Gerissenheit und Tricks zu tun. Alle Mittel sind erlaubt, wenn es nur um die Sicherung des Staates geht – wobei Machiavelli hier vor allem den italienischen Einheitsstaat sah, in seiner Zeit also ein progressives Ziel verfolgte.

Die Vorrede in Friedrichs Manuskript des *Antimachiavell*, 1739

suchte er, den Kapiteln Machiavellis genau zu folgen und jede seiner Ansichten zu widerlegen. Am Ende aber fällt auf, wie nah Friedrich letztlich das Bild ist, das Machiavelli malt. Auch er wollte absolut herrschen. Zugleich aber hielt er sich für so tugendhaft, dass seine Herrschaft dem Wohle des Staates dienen müsste. Der *Antimachiavell* war in gewisser Weise also ein Selbstporträt, das der künftige König von sich entwarf – das eines aufgeklärten Monarchen, der sich nicht vom Machtwillen, sondern von Verstand und Einsicht leiten lässt. Insofern hat er an das geglaubt, was er in seinem Buch schrieb. Dass er unmittelbar nach seinem Machtantritt unter Bruch aller Verträge und eine Schwäche Österreichs skrupellos ausnutzend in Schlesien einmarschierte, war für ihn kein Widerspruch zwischen der Schrift und seiner Handlungsweise. Schon die Zeitgenossen sahen das freilich anders.

Das Buch erschien, als der Autor schon König war – anonym zunächst. Dann aber kam Voltaire ins Spiel, der den Text im Auftrag des Königs an einigen Stellen geglättet, an anderen pointiert hatte. Voltaire ließ die Welt dann auch wissen, wer der Autor war. Voltaire wusste, was den *Antimachiavell* so einzigartig machte – nicht der Inhalt, sondern sein berühmter Autor.

18 Welches Musikinstrument beherrschte Friedrich ausgezeichnet?

Die Flöte. Er beherrschte sie nach Aussagen seiner Zeitgenossen sogar meisterhaft. Er komponierte Sonaten, auch ganze Konzerte. Johann Sebastian Bach widmete ihm das *Musikalische Opfer*. Friedrich hat das aber nicht interessiert.

Friedrich spielte auch ein wenig Klavier, »aber sein vornehmstes musikalisches Werkzeug war die Flöte, auf der er viel, vorzüglich im adagio, leistete«, so berichtete der Zeitgenosse Anton Friedrich Büsching (1724–1793). Friedrich hatte allerdings Schwierigkeiten mit dem Rhythmus, was seinen Begleitern mitunter Anlass zu Klagen gab. Das Flötenspiel hatte Friedrich mit 16 Jahren gelernt. Sein Vater, der eigentlich alle musischen Neigungen Friedrichs geradezu bekämpft hatte, ließ ihm aber doch seit seinem siebten Lebensjahr Musikunterricht zuteil werden. Seinen späteren Flötenlehrer Johann Joachim Quantz (1697–1773) lernte Friedrich während eines Besuchs zusammen mit seinem Vater in Dresden kennen. Kompositionsunterricht erteilte ihm Carl Heinrich Graun (1703/04–1759). Friedrich komponierte verschiedene Sonaten, aber auch größere Konzerte.

Carl Philipp Emanuel Bach (1714–1788) kam zwar schon 1738 an Friedrichs Hof, wurde aber erst förmlich in den Dienst aufgenommen, als Friedrich König wurde, wo er »die Gnade hatte, das erste Flötensolo, was Seine Majestät als König spielten, in Charlottenburg mit dem Flügel ganz allein zu begleiten«. Allerdings fühlte sich Bach in Berlin nicht wohl, schätzte auch wohl den musikalischen Geschmack des Königs nicht hoch ein und zog schließlich weiter nach Hamburg. In den Dienst Friedrichs traten 1750 auch die Brüder Franz (1709–1786) und Johann Benda (1713–1752). Friedrichs Hoforchester wurde hoch gelobt. Quantz baute seine Flöten selbst, auch diejenige des Königs – mit weiten Bohrungen und einem großen, kräftigen Ton, wie behauptet wurde. Die Musiker bildeten eine Berliner Schule, die vor allem Flötenmusik hervorgebracht hat, Hunderte von Sonaten und Konzerte. Das hängt fraglos mit den Vorlieben des Königs zusammen.

Im Mai 1747 war Johann Sebastian Bach (1685–1750), der Vater Carl Emanuels, zu Gast in Potsdam. Er wohnte am

Notenschrift von Friedrich II. zu einem seiner Flötenkonzerte

Welches Musikinstrument beherrschte Friedrich ausgezeichnet?

Flötenkonzert Friedrichs des Großen in Sanssouci, von Adolph Menzel, 1852

Bassinplatz in einem der Häuser des Holländischen Viertels, an dem noch heute eine Gedenktafel daran erinnert. Es wurde berichtet, dass Friedrich in Sanssouci, die Flöte eben in der Hand, die Liste der angekommenen Fremden gelesen, den Namen Bachs darin entdeckt und den Komponisten sogleich zu sich befohlen habe, sodass dieser noch in Reisekleidung vor dem König erschien. Bach habe sich dann vom König ein Fugenthema erbeten, das er zur Begeisterung des Publikums in Variationen vorspielte. Das Motiv, von Bach gründlich bearbeitet, ging dann in die Musikgeschichte ein. Denn Bach komponierte später daraus das *Musikalische Opfer*, eines seiner großen Alterswerke. Im letzten Teil des Werks tritt die Flöte hervor, Friedrichs Instrument. Bach hat die Komposition dem König von Preußen gewidmet. Er hat sie ihm auch geschickt, aber nie eine Antwort erhalten. Allerdings konnte Friedrich mit Bachs Polyphonie ohnehin nichts anfangen. Sein musikalischer Geschmack änderte sich ebenso wenig wie seine sonstigen künstlerischen Auffassungen, die er einmal als junger Mann entwickelt hatte. Charles Burney (1726–1814) schrieb 1772, der Geschmack am preußischen Hofe stehe »auf einem festen und unbeweglichen Punkte«.

»Sein Ansatz war klar und eben, seine Finger brillant und sein Geschmack rein und ungekünstelt.« Charles Burney über Friedrichs Flötenspiel, 1772

19 Friedrich nannte sich Philosoph. War er tatsächlich einer?

Ja. »Frédéric le Philosophe« – so unterschrieb er einen Brief aus Dresden an seine Schwester Wilhelmine. Da war er gerade 16 Jahre alt. Der alte Friedrich wurde der »Philosoph von Sanssouci« genannt. Er hat kein System hinterlassen, aber sein Tun stets reflektiert.

Friedrich dachte immer wieder über den Einfluss des Einzelnen dem Schicksal gegenüber und dessen Grenzen nach. »Philosophie diente ihm als Reflexion praktischen Handelns«, merkte Theodor Schieder an. Das Interesse des Königs galt in erster Linie der praktischen Moralphilosophie.

Friedrich kannte die philosophischen Schriften seiner Zeit, beschäftigte sich mit Christian Wolff (1679–1754) und Gottfried Wilhelm Leibniz (1646–1716), John Locke (1632–1704) und Pierre Bayle (1647–1706). Voltaire und d'Alembert (1717–1783) saßen mit an seiner Tafel. Ihn beschäftigten die Fragen, ob es Willensfreiheit gibt, ob der Mensch auf sein Schicksal Einfluss nehmen könne. Er benötigte die Philosophie gleichsam als Kontrolle über sein Handeln, denn er erwartete von niemandem Hilfe, nicht von Gott, aber auch nicht von den Menschen. Besonders in Kriegszeiten war ihm Philosophie eine Hilfe. Dabei interessierten ihn der Zufall und die Pflicht, zudem die Moral, und zwar Moral als Eigenliebe.

Aufklärung – eine kolorierte Radierung von Daniel Chodowiecki, 1791

Philosophische Äußerungen gibt es vor allem in Friedrichs Briefen. In einem Schreiben an den Marquis d'Argens (1704–1771) von 1760 finden sich die berühmten Worte des Königs über die Pflicht: »Sie müssen wissen, dass es nicht notwendig ist, dass ich lebe, aber dass ich meine Pflicht tue und für mein Vaterland kämpfe, um es zu retten, wenn es noch möglich ist.« Aber auch in seinen Gedichten philosophiert er, etwa in einem Gedicht über den Zufall, das er seiner Schwester Amalie widmete und das ebenfalls mitten im Siebenjährigen Krieg entstand. Zudem hat Friedrich philosophische Aufsätze in den insgesamt 40 Bänden seiner Schriften hinterlassen. 1760 erschien *Die Moral als Eigenliebe*. Sein zweites *Politisches Testament*, acht Jahre später entstanden, enthielt ebenfalls zahlreiche philosophische Reflexionen. Mit dem Königsberger Kant und dem kategorischen Imperativ hatte Friedrichs Begriff von der Pflicht wenig zu tun. Er bezieht sich nicht auf ein allgemeines Sittengesetz, sondern vor allem auf ihn selbst, den Herrscher als ersten Diener des Staates. Der König werde vom Staat viel mehr in die Pflicht genommen als der Privatmann: »Vom Wort eines Privatmannes hängt

Friedrich der Große in seinem Arbeitszimmer in Sanssouci, 1764

nur das Unglück eines Einzelnen ab, vom Wort des Herrschers Wohl und Wehe ganzer Völker.« Das scheint nur auf den ersten Blick modern gedacht, in Wirklichkeit entsprach es dem Zeitgeist des aufgeklärten Absolutismus. Es ist Friedrichs Auseinandersetzung mit der eigenen Rolle. Er nannte »Begierde nach Glück, Furcht vor Tadel und Schmach, Verlangen nach Ansehen und Ruhm und schließlich die Leidenschaft für alles, was man für seine Selbsterhaltung für nützlich hält« als Antriebskräfte für das eigene Handeln. Bei Kant wird die Moral durch Selbstlosigkeit und Uneigennützigkeit bestimmt. Bei Friedrich ist es genau umgekehrt.

Wie immer man über die Einzelheiten in Friedrichs philosophischem Denken urteilen mag, welches Volk kann schon von sich sagen, einen Philosophen zum König gehabt zu haben. »Dass Friedrich der Große sein ganzes Leben lang von einem großen Leitgedanken getragen war, machte ihn zum unüberwindlichen Helden des Zeitalters und bewirkte zugleich, dass auch alle seine Einzelhandlungen, im Gegensatz zu denen seiner gekrönten Rivalen, ideenreich, geistvoll und sinnerfüllt waren«, urteilte etwa Egon Friedell (1878–1938).

20 Was hielt Friedrich von seinem Zeitgenossen Goethe?

Nicht viel. Goethes *Götz von Berlichingen* ist allerdings das einzige deutsche Drama, das Friedrich in seinem Aufsatz über die deutsche Literatur erwähnt. Allerdings kannte der König die deutsche Literatur überhaupt nicht. Er las nur französische Autoren. Deutsch fand er barbarisch.

Der Dichter Karl Friedrich Ramler widmete dem König Oden. Gleim und Gottsched (1700–1766) wurden von Friedrich empfangen. Lessing schrieb in jener Zeit *Nathan der Weise*, Nicolai die *Briefe die Neueste Literatur betreffend*. Johann Gottfried Herder (1744–1803) gab sein Buch *Stimmen der Völker in Liedern* heraus. Der Stern Goethes (1749–1832) begann am Litera-

Goethe versendet die ersten Exemplare des *Götz von Berlichingen*, 1773.

turhimmel aufzugehen. Friedrich aber interessierte sich nicht dafür. Er schrieb französisch, und er dachte französisch. Deshalb hatte die deutsche Sprache für ihn keinerlei poetischen Klang, keine lyrischen Möglichkeiten.

Im Grunde wäre das ohne Bedeutung gewesen, wäre der König nicht selbst als Autor aufgetreten und hätte er sich nicht 1780 in einem bemerkenswerten Aufsatz über die deutsche Literatur geäußert. Schon der im Original französische Titel hat es in sich: *Über die deutsche Literatur, die Mängel, die man ihr vorwerfen kann, welches ihre Ursachen sind und mit welchen Mitteln man sie beheben kann.* Es ist ein anmaßender Text, der nicht viel Sachkenntnis des Autors zeigt. Aber es ist auch ein klassischer Friedrich – witzig, ein bisschen zynisch. Die Idee für das Büchlein entstand wohl im Oktober 1780 an der Mittagstafel des Königs. Das Thema muss ihn freilich schon viel länger beschäftigt haben. Baron Bielfeld, den Friedrich aus gemeinsamer Zeit am Rheinsberger Hof des Kronprinzen kannte, hatte 1752 ein freundliches Bild von der deutschen Literatur gezeichnet. Womöglich verstand Friedrich seine Schrift als Antwort darauf, denn er sprach darin auch einen nicht weiter Bezeichneten direkt an. Wie auch immer, Friedrich meinte: »Ich finde eine noch halb barbarische Sprache vor, die in eben so viele Dialekte zerfällt, wie Deutschland Länder und Gegenden hat.« Ein genialer Autor, so fuhr er fort, könne sich unmöglich dieser »ungehobelten Sprache« bedienen. Namentlich erwähnte Friedrich allein Goethes *Götz von Berlichingen*, als »eine abscheuliche Nachahmung dieser schlechten englischen Stücke, und die Zuschauer im Parterre klatschen Beifall und verlangen begeistert die Wiederholung dieser widerlichen Plattheiten«. So wurde bei dieser Gelegenheit auch noch gleich Shakespeare mit erledigt. Immerhin endete Friedrich in einem Anflug von Optimismus: Die Blütezeit der deutschen Literatur sei noch nicht angebrochen, aber sie nähere sich.

Die Wirkung von Friedrichs Schrift war enorm. Lessing etwa meinte, der König dürfe »nicht auch Despot des Geschmacks und der Wissenschaften« sein. Klopstock dichtete: »Lang' erwarteten wir, du würdest Deutschlands / Muse schützen, auch so mit Ruhm dich krönen; / Durch den schönen Lorbeer / Decken des anderen Blut!« Nun müsse die Muse »vor röterer Scham« vergehen. Der geschmähte Goethe allerdings konnte Friedrich dem Großen vor allem im und nach dem Siebenjährigen Krieg einiges abgewinnen. »Der erste wahre und höhere eigentliche Lebensgehalt«, schrieb er, sei »durch den großen König in die deutsche Poesie gekommen«.

> »Aber da erscheint nun ein Götz von Berlichingen auf der Bühne, eine abscheuliche Nachahmung dieser schlechten englischen Stücke, und die Zuschauer im Parterre klatschen Beifall und verlangen begeistert die Wiederholung dieser widerlichen Plattheiten.«
> Friedrich über Goethes Stück *Götz von Berlichingen*, 1780

War Friedrich der Große schwul?

Über diese Frage ist viel gerätselt worden. In seiner Jugend jedenfalls waren Frauen ihm alles andere als gleichgültig, auch nicht seine eigene, die er freilich nur aus Gehorsam dem Vater gegenüber geheiratet hatte. Als König aber hielt er sich fast ausschließlich in einer Männerwelt auf.

»In Seiner ersten Jugend soll Er nicht so gleichgültig gegen das andere Geschlecht gewesen sein als in der nachmaligen und größten Zeit Seines Lebens«, berichtete der Zeitgenosse Büsching. Als Friedrich 16 Jahre alt war, nahm ihn der Vater mit nach Sachsen, um in Dresden August den Starken zu besuchen. Im Rausch jener Dresdener Tage soll Friedrich sich in eine uneheliche Tochter Augusts, Anna Katharina Gräfin Orzelska (1707–1769), verliebt haben. Sie war schön, klug und lebenslustig. Angeblich soll sie gern in Männerkleidung erschienen sein, um so ihre Reize noch hervorzuheben. Dass Kronprinz Friedrich eine besondere Zuneigung zu ihr gefasst hatte, lässt sich schon daran erkennen, dass er ihr gegenüber auch später eine große Anhänglichkeit bewahrte. Manche Historiker meinen deshalb, die Gräfin sei so etwas wie die Liebe seines Lebens gewesen.

Der Leibarzt Friedrichs II. Johann Georg Zimmermann

Am Dresdener Hof soll es aber noch eine weitere Begebenheit gegeben haben, die immer wieder erwähnt wurde, wenn es um Friedrichs Liebesleben ging. Bei der Besichtigung seiner unermesslichen Schätze soll August auch eine Tapetentür geöffnet haben, hinter der eine seiner Mätressen, eine Gräfin »Formera«, beinahe hüllenlos im Bett lag. König Friedrich Wilhelm soll sich zwar seinen Hut vom Kopf gerissen haben, um damit seinem Sohn die Augen zu bedecken. Aber der Sohn hatte genug gesehen. Es sei »die Formera« gewesen, die ihn in die Liebe eingeführt habe, und August der Starke habe sich das so ausgedacht, um Friedrich von Anna abzubringen. Graf Ernst Ahasver Heinrich von Lehndorff (1727–1811) meinte jedoch in seinen Memoiren, es sei Anna gewesen, die Friedrich

War Friedrich der Große schwul?

Plastik *Der betende Knabe* vor dem Schloss Sanssouci, Bronzeguss des Originals von 1747

in ihr Bett gezogen habe. Der österreichische Gesandte Seckendorff notierte damals allerdings: »Man hält aber dafür, dass die Kräfte des Körpers die Neigung des Willens nicht genug secundieren, folglich der Kronprinz in seinen Galanterien mehr einen eitlen Ruhm sucht als eine sündliche Neigung.«

Wie dem auch sei, Friedrich jedenfalls mochte in seinen Jugendjahren offenbar die Frauen. In der Rheinsberger Zeit führte er wohl auch mit Elisabeth Christine ein mehr oder weniger normales Eheleben. Aber ist die Ehe je »vollzogen« worden? Vielfach wird vermutet, dass Friedrich sich kurz vor seiner Hochzeit eine Geschlechtskrankheit zuzog. Diese wurde so behandelt, dass es für den Kronprinzen Dauerfolgen hatte. Der Arzt Johann Georg Zimmermann (1728–1795), zeitweise Leibarzt des Königs, behauptete: »Er war ein klein wenig verstümmelt, aber nicht verschnitten.« Dass er daraus »die größte Angelegenheit seines Lebens« gemacht habe, sei insofern merkwürdig, weil Friedrich doch sonst ein so großer Geist gewesen sei. Schon im

Zusammenhang mit der geplanten Eheschließung sprach Friedrich tatsächlich davon, nicht genügend Beständigkeit und Zuneigung für das weibliche Geschlecht zu empfinden. Eine andere Erklärung lautete, Friedrich sei wegen seiner Geschlechtskrankheit mit Quecksilber behandelt worden und habe bleibende Schäden davongetragen, die auch seine sexuelle Kraft eingeschränkt hätten.

Es war neben Zimmermann vor allem Voltaire, das Klatschmaul, der das Gerücht von der – zumindest passiven – Homosexualität Friedrichs in die Welt setzte. Spitzzüngig behauptete der Franzose, der Kronprinz sei von Eintageliebschaften derart mitgenommen, dass es nun so sei: »Die erste Rolle konnte er nicht spielen, so musste er sich mit der zweiten begnügen.«

In seinen späten Jahren war Friedrich nur noch von Männern umgeben, beim Militär sowieso, aber auch bei Hofe. Zu manchen hatte er ein beinahe zärtliches Verhältnis wie zu seinem älteren Freund aus Rheinsberger Tagen Dietrich Freiherr von Keyserling und zu seinem legendären Kammerdiener Michael Gabriel Fredersdorf (1708–1758), den er durch das Flötenspiel kennengelernt hatte. Fredersdorf diente ihm ebenfalls schon in Rheinsberg und stieg später als Geheimer Kammerdiener zum Verwahrer der königlichen Schatulle auf. Mit Fredersdorf hat sich Friedrich buchstäblich über alle Lebenslagen ausgetauscht. Im Originalton Friedrichs und in abenteuerlicher Rechtschreibung geht es in einem seiner Briefe etwa um anale Probleme: »Nun Sihestu Selber, dass Deine zufälle nichts als größten-theils von denen Hemeroiden komen, das lässet sich so wenig zwingen in 8 tage Cuhriren, als wie golt zu machen.« Und in einem späteren Brief hat Friedrich offenbar auf seinen eigenen Zustand anspielen wollen, als er Fredersdorf Arznei schickte und dabei warnte: »Nim nuhr von dießer Medevin. Es leidet aber Keine quaksalberein darneben! Sonsten benimt einem vohr Seine lebe-Tage die Mänlichen Krefte der liebe!«

In Sanssouci schließlich gab es tatsächlich nur noch Männer. Der Blick aus Friedrichs Arbeitszimmer fiel auf die antike Plastik *Betender Knabe*. Von Männern umsorgt ist Friedrich schließlich auch gestorben.

Kann man daraus ableiten, dass Friedrich schwul war? Sein jüngster Bruder Heinrich war es jedenfalls und lebte seine Neigung zu Männern trotz standesgemäßer Ehe – übrigens mit einer besonders schönen Frau – so offen aus, wie es damals möglich war. Friedrich erlaubte sich einen merkwürdigen Scherz mit Heinrich, als er ihm einen jungen Pagen aus dem Hause Marwitz sozusagen wegnahm, indem er ihn an seinen Hof holte: »Das hast du verdient, du verdammte Hure! Wolltest du nicht meinen armen Bruder mit dei-

> »Dann kam ein Malheur auf diesem Gebiet, man spricht von einer Operation, die sich bald anschloss, – und von diesem Zeitpunkt an war irgend etwas kupiert in seiner Natur; er wandte der Üppigkeit kurz den Rücken zu; das Weib hatte seine wenig ehrenvolle Rolle in seinem Leben ausgespielt.«
> Thomas Mann in seinem Friedrich-Essay, 1915

Porträt Anna Katharina Gräfin Orzelska, um 1739, von Rosalba Carriera

nem giftigen Tripper anstecken!« Heinrich beschwerte sich daraufhin über den rüden Ton des Bruders, worauf Friedrich noch einen draufgab: »Zunächst bitte ich um Entschuldigung, dass ich so wenig Achtung vor Ihren Neigungen gezeigt und gesagt habe, dass Marwitz den Tripper und fleischige Schultern hat. Ich bekenne also, dass ich mich geirrt habe, und gebe zu, dass Marwitz ein Seraphim unter den Cherubinen ist.« Schließlich erwähnte auch Büsching: »Zu seinen Lieblingen, die Er bloß um ihres Gesichtes und Wuchses willen aus den Soldaten erwählte, so rohe sie auch seyn mogten, war er zu liebreich und zu freygebig.«

Aus Friedrichs Sexualität zu schließen, sie erkläre seine knorrige, abweisende Natur und er habe aus Frauenhass die drei Herrscherinnen Europas – Maria Theresia (1717–1780) aus Österreich, Katharina die Große (1729–1796) aus Russland und Madame Pompadour (1721–1764) aus Frankreich – Krieg geführt, geht dann doch zu weit. Der Schriftsteller Bruno Frank (1887–1945) etwa erklärte Friedrichs Kriege damit, dass sich da ein Mann beweisen wolle, »wenn er nicht einmal bei einer Frau schlafen kann«.

22 War Friedrich ein ansehnlicher Mann?

Ja. Auch wenn natürlich nicht genau bekannt ist, wie er wirklich aussah. Aber die zeitgenössischen Gemälde, vor allem die von Antoine Pesne aus der Zeit in Rheinsberg, zeigen einen Mann mit ebenmäßigen Gesichtszügen und einer leichten Neigung zum Doppelkinn.

Friedrich hatte die etwas hervortretenden Augen der Hohenzollern. Sie waren von strahlendem Blau. Ebenfalls ein Hohenzollern-Erbstück war die lange, wohlgebildete Nase. Seine Gesichtsfarbe war braunrot, weil er sich viel an der frischen Luft aufhielt, im Krieg sowieso, aber auch in Friedenszeiten bei Truppenrevuen, Paraden und seinen gefürchteten Inspektionsreisen durch das Land. Friedrich bewegte sich gern, sowohl zu Fuß als auch zu Pferd. Zu entsprechenden Anlässen bei Hofe musste man für die modische Blässe viel Puder auftragen. Beim alten Friedrich erblickte man im Antlitz »nichts Angenehmes, sondern nur Ernst und Strenge«, was sich auf seine unmittelbare Umgebung übertragen haben soll. Der große König war klein, etwas größer als 1,60 Meter, wog in seiner Jugendzeit 70 Kilo, später mehr, um dann im Alter aber wieder abzunehmen. Bei seinem Tod soll er nur noch 50 Kilo gewogen haben. Das Haar war blond und gewellt, nach dem Siebenjährigen Krieg aber schlohweiß. Er hatte eine deutliche, angenehme Stimme, die laut werden konnte, denn sie war befehlsgewohnt. Seine Beine waren lang, lang und schmal auch die Finger. Seit dem Siebenjährigen Krieg lief er, von der Gicht gekrümmt, mit dem berühmten Stock, den er auch zur Züchtigung einzusetzen wusste. Sein Gesicht war zu dieser Zeit schon tief von Falten durchzogen und schmal. Jedenfalls muss vor allem der Alte Fritz eine durchaus beeindruckende Erscheinung gewesen sein.

Porträt Friedrichs, 1763, von Johann Georg Ziesenis

In seiner Jugend liebte Friedrich aufwendige Kleidung aus Samt und Seide. Nach den vielen Kriegen, die er geführt hat, war er nur noch in der blauen Uniform seines Leibregiments zu sehen. Nach seinem Tod fand man angeblich nur ein paar völlig abgetragene Kleidungsstücke und zerschlissene Uniformen im Einbauschrank von Sanssouci. Ein Diener soll dem Toten ein frisches Hemd

Friedrich II. als Kronprinz, 1736, von Antoine Pesne

geborgt haben. Für die Nachtruhe zog er sich kaum aus, manchmal schlief er sogar in Stiefeln. Nachtkleidung kannte er nicht. Auch mit der Körperpflege nahm er es nicht so genau. Morgens wischte er sich das Gesicht mit der Serviette ab, »allein dieses wenige Wasser nahm die Unreinigkeit, die der viele Schweiß und Schnupftaback ansetzen, nicht hinlänglich weg«. Nachts schwitzte er derart, dass morgens Betttuch, Matratzen, Bettdecken und Kissen getrocknet werden mussten, berichtete Büsching.

Friedrich trug gern Schmuck, wertvolle Ringe an der linken wie an der rechten Hand. An der Uniform prangte der aufgenähte Schwarze Adlerorden, zu festlichen Anlässen trug er die zugehörige Schärpe. Er schnupfte spanischen Tabak und besaß eine Sammlung von zum Teil wertvollen Tabatieren. Er habe sich das Schnupfen angewöhnt, erklärte er, weil der Schnupftabak den Geruch anderer Leute, die sicher nicht besser rochen als er, überdeckt hätte. Ein englischer Gesandter warnte, man solle dem König nicht zu nahe treten, sonst müsse man immerzu niesen. Auch Chinin nahm er hin und wieder, um sich aufzufrischen.

> »Mit einem schwächlichen Körper war Friedrich in die Welt getreten; mehrfach hatte man in jungen Jahren um sein Leben gefürchtet. Dann war die Zeit der Arbeit und Mühe gekommen, deren Last ihm schon in den männlichen Jahren das Gepräge eines höheren Alters gegeben hatte.«
> Franz Kugler in seiner *Geschichte Friedrichs des Großen*, 1840

23 War Friedrich der Große eitel?

Oh ja. Jedenfalls in seiner Jugend. Friedrich hat auch offen zugegeben, dass das treibende Motiv seiner Politik zunächst Ehrgeiz war, die Sucht nach Ruhm, das »Rendezvous mit dem Ruhm«. Viel Wert legte er auf Kleidung. Seine Eitelkeit aber wich mit den Jahren dem Machtkalkül.

Wenn er als Kronprinz vom Türkenkrieg erzählen hörte, so berichtete er, habe ihm das Herz gepocht wie einem Schauspieler, der darauf zittere, dass die Reihe an ihn kommt. Als er kurz nach der Thronbesteigung, getrieben von Machtbesessenheit und Tollkühnheit, den Ersten Schlesischen Krieg vom Zaun brach, wurde der Welt auch klar, dass der Schauspieler keineswegs gewillt war, eine Nebenrolle zu spielen. So kam es, dass schließlich ein ganzes Zeitalter sich nach ihm benannte.

»Meine Jugend, das Feuer der Leidenschaften, das Verlangen nach Ruhm, ja um dir nichts zu verbergen, selbst die Neugierde, mit einem Wort, ein geheimer Instinkt hat mich der Süßigkeit der Ruhe, die ich kostete, entrissen, und die Genugtuung, meinen Namen in den Zeitungen und dereinst in der Geschichte zu lesen, hat mich verführt.« Das schrieb Friedrich 1740 an seinen Freund Jordan. Und in seinen *Denkwürdigkeiten* hieß es, »das Verlangen, sich einen Namen zu machen« sei ausschlaggebend für seinen Entschluss gewesen, in Schlesien einzumarschieren. »Der Besitz schlagfertiger Truppen, eines wohlgefüllten Staatsschatzes und eines lebhaften Temperamentes: das waren die Gründe, die mich zum Krieg bewogen.«

Nach dem Zweiten Schlesischen Krieg hatte er noch nichts gegen einen triumphalen Einzug in Berlin. Nach dem Siebenjährigen Krieg legte er darauf keinen Wert mehr. Der Ruhm interessierte ihn nicht mehr, gerade als das Zeitalter ihm zujubelte. Man weinte in Europa, wenn er Schlachten verlor. Umgekehrt wurden in England seine Siege wie Nationalfeste gefeiert. In Russland gab es eine Partei für ihn, nicht nur unter seinem Bewunderer Peter III. (1728–1762). In Paris stellte sich gesellschaftlich ins Abseits, wer gegen Friedrich Partei ergriff. Selbst seine Feinde konnten ihm ihre Bewunderung nicht versagen.

Die Eitelkeit verlor sich mit den Jahren, Friedrich war vom Gedanken an Pflichterfüllung erfüllt – schließlich wollte er Preußen zur europäischen Großmacht machen. In seiner Jugend kleidete er sich gern in feinste Seide. Überhaupt putzte er sich, dem Geist der Zeit entsprechend, gern heraus –

Friedrich im allegorischen Gewand des Apoll vor seinem Schloss Sanssouci

schon um der Uniformiertheit an seines Vaters Hof etwas entgegenzusetzen. Seine Schränke waren wohlgefüllt mir edler Garderobe. Im Alter hingegen genügte ihm ein schmuddeliger Uniformrock.

Der Schwedenkönig Karl XIII. (1748–1818) urteilte, Friedrich sei der am schlechtesten gekleidete König, den er kenne. Und Büsching schrieb, Friedrich wollte »schlechterdings nicht in der Kleidung groß seyn«. Vielmehr: »Er wurde auch gefürchtet und verehrt, wenn er gleich in einem alten, abgetragenen und geflickten Kleide ging, wenn gleich ein scharf beobachtendes Auge in Seinen Beinkleidern ein Loch entdeckte, wenn gleich Sein Hemd und Schnupftuch zerrissen und Sein Huth ganz kahl war.« In seiner Kronprinzenzeit liebte er es, gemalt zu werden. In seiner langen Zeit als König aber saß er nur einmal einem Künstler für ein Porträt, das der Maler Johannes Georg Ziesenis (1716–1776) 1763 fertigte, also am Ende des Siebenjährigen Kriegs. Öffentliche Denkmäler lehnte Friedrich zu Lebzeiten ab, aber er sah es gern, wenn Künstler seinen Herrschaftsanspruch im allegorischen Gewand darstellten.

> »Die Possen haben ein Ende.«
> Friedrich bei Ausbruch des Ersten Schlesischen Kriegs, 1740

24 Preußische Sparsamkeit: War Friedrich geizig?

Nein. Seine persönliche Anspruchslosigkeit in den späten Jahren seit dem Siebenjährigen Krieg darf nicht mit Geiz verwechselt werden. Zudem war seine Tafel recht anspruchsvoll. Friedrich gab auch viel Geld für seine Bücher aus. Er hat in seinem Leben mehrere Bibliotheken besessen.

Auch sollte niemand ihn geizig nennen, nur weil ihm die Verschwendungssucht Ludwigs XIV. und Augusts des Starken fremd war. Immerhin gab es unter Friedrich eine Hofhaltung, die so genannt zu werden verdiente – anders als bei seinem Vater, der sogar seinem Hofmaler das Gehalt um die Hälfte gekürzt hatte.

Bibliothek im Schloss Sanssouci

Wo es aber etwas zu holen gibt, wird auch gestohlen oder werden überhöhte Forderungen gestellt. Vom Kerzendiebstahl war im Zusammenhang mit Voltaire schon die Rede. Kerzen waren damals ein wertvolles Gut. In der Küche verschwanden Weinflaschen, auf den königlichen Baustellen Baumaterial, an der Tafel Tafelsilber, in den Ställen Pferdefutter. Ging ein Spiegel kaputt, war das für jene ein Fest, die sich an den Scherben bedienten, denn auch Spiegelglas hatte einen hohen Wert. Friedrich soll bei Bauvorhaben stets mit einem Viertel Mehrkosten gerechnet haben, weil so viel gestohlen wurde. Mirabeau meinte 1787: »Aus der Wut Friedrichs II., alles selbst zu tun, floss die Folge, dass unter den europäischen Fürsten kaum einer mehr betrogen wurde als er.«

Dass er alles selbst tat und entschied, forderte von ihm aber auch Großzügigkeit gegenüber seinen Untertanen. Nicht nur die Familie, der Hof, der Staatsapparat, beinahe das ganze Volk waren zu unterhalten. Als die Russen 1758 Küstrin belagert und den Ort vor der Festung zerschossen hatten, soll Friedrich, als er endlich dorthin gelangte, die Küstriner ganz auf seine

Preußische Sparsamkeit: War Friedrich geizig?

Friedrich im 1758 von den Russen zerstörten Küstrin

Weise ermutigt haben: »Kinder, ich habe nicht eher kommen können, sonst wäre das Unglück nicht geschehen! Habt nur Geduld, ich will euch alles wieder aufbauen.« Er ließ sogleich 200 000 Taler auszahlen, um die schlimmste Not zu lindern. 1783 zahlte er 6000 Taler für Wasserschäden in Ostpreußen. Er unterstützte großzügig die Kolonisten in seinem Land, die Industrialisierung, den Ausbau der Verkehrswege. Er fühlte sich auch für das zuständig, was wir heute Sozialhilfe nennen. Aber auch seine großen Schlossbauten hatten mit Geiz nichts zu tun.

Preußen hatte für Friedrichs ehrgeizige Pläne weder genug Menschen noch Rohstoffe. Der König erkannte die Grenzen seiner Möglichkeiten klar. Deshalb galt für ihn das Prinzip der sparsamen Haushaltsführung, zu der auch gehörte, dass alle Kosten einen Haushaltstitel bekamen. Bei Waffen und Munition ging es allerdings großzügig zu, obwohl die Armeen damals nach Mannschaftsstärke eingeschätzt wurden, nicht nach der Qualität und Wirkung der Waffen. Friedrich erwartete Sparsamkeit auch von den Hof- und Staatsbediensteten. Legendär ist seine Kontrollwut. Insgesamt haben ihn seine sagenumwobenen Kontrollreisen mehr Zeit gekostet als seine Kriege. Es war, ähnlich wie bei Friedrichs angeblicher Homosexualität, wieder einmal das Schandmaul Voltaire, das Friedrich »lächerliche Knauserigkeit« unterstellte. In Wahrheit freilich war Voltaire mit Sicherheit ein größerer Erbsenzähler als sein großzügiger Mäzen.

> »Er machte seinen Bedienten verschiedener Klassen zuweilen Geschenke. Er versprach ihnen auch wohl dergleichen und befahl, dass sie Ihn daran erinnern sollten. Diese Erinnerung war aber niemals nöthig, sondern er blieb Seiner Zusage eingedenk und erfüllete sie wenige Tage hernach.«
> Anton Friedrich Büsching in *Friedrich der Große privat*

25 War Friedrich ein erfolgreicher und begabter Feldherr?

Ja. Es ist der größte Ruhm, der ihm überhaupt zukommt. Auch wenn er selbst meinte, der einzige Ruhm, der diesen Name verdiene, sei der des Schriftstellers. Friedrich hat große Siege errungen wie bei Hohenfriedberg oder Leuthen, aber auch Niederlagen erlitten wie bei Kunersdorf.

Als Feldherr hat der junge Friedrich zunächst Lehrgeld gezahlt. In seinem ersten großen Gefecht, der Schlacht von Mollwitz zu Beginn des Ersten Schlesischen Kriegs, verlor er die Nerven, wurde vom Oberkommandierenden Kurt Christoph Graf von Schwerin (1684–1757) fortgeschickt und floh nach Oppeln. Offenbar war das eine gute Schule für den Heißsporn, denn fortan blieb er bemerkenswert kaltblütig selbst in schier aussichtslosen Situationen. In der Not habe sich »die Spannkraft seines Geistes« vervielfältigt, meinte Kugler und erwähnte bei dieser Gelegenheit auch folgende Anekdote aus dem Siebenjährigen Krieg: Friedrich erkundete mit einigen Offizieren die Lage. Ganz in der Nähe lag ein österreichischer Soldat, ein so genannter Pandur, im Hinterhalt und legte sein Gewehr auf den König an. Der wurde von einem Begleiter gewarnt, drehte den Kopf, sah den Panduren, hob seinen Stock und rief: »Du! Du!« Worauf der Pandur aufstand, Haltung annahm und den König ehrerbietig grüßte.

Oft genug wurde dem König das Pferd unter dem Leib weggeschossen, starben Männer aus seinem Gefolge neben ihm im Kugelhagel. Bei Torgau, der letzten großen Schlacht des Siebenjährigen Kriegs, wurden ihm sogar zwei Pferde hintereinander erschossen. Ihn selbst traf eine Kugel, die, vom Wintermantel abgebremst, an der Tabaksdose des Königs abprallte. Bei dieser Schlacht soll Friedrich mit dem Ausruf »Rackers, wollt ihr ewig leben!« vorangestürmt sein. In der verlorenen Schlacht bei Kunersdorf 1759 verhinderte nur das beherzte Eingreifen des Rittmeisters Joachim Bernhard von Prittwitz (1726–1793) und der Leibhusaren, dass er in Gefangenschaft geriet.

Friedrich wusste Schlachten auf taktisch originelle Weise zu führen. Oft griff er zur List, um seine Gegner über seine wahren Absichten zu täuschen. Mehrfach gelang ihm dies mit dem österreichischen Feldherrn Leopold Joseph Graf von Daun (1705–1766), der zwar über große militärische Erfahrung und oft auch über die stärkeren Armeen verfügte, aber zur Vorsicht und zum Zaudern neigte. Selbst Friedrichs Rückzüge wurden in der Militärgeschichte bewundert, weil sie gedeckt und geordnet waren.

War Friedrich ein erfolgreicher und begabter Feldherr?

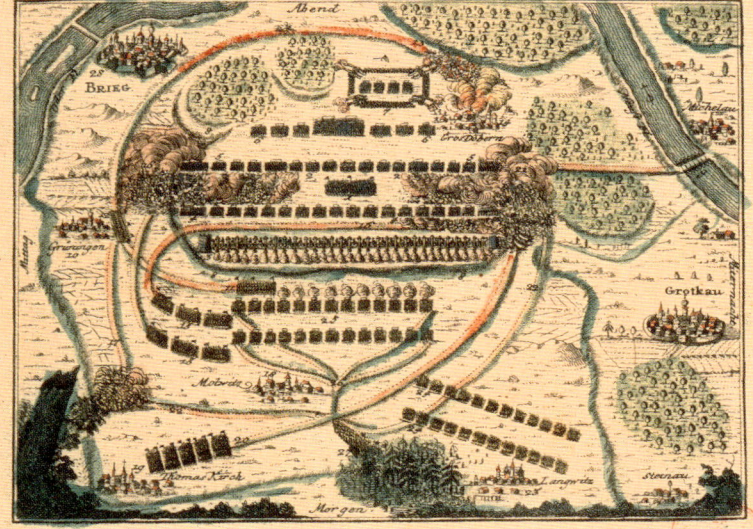

Plan der Schlacht bei Mollwitz gegen die Österreicher am 10. April 1741

Die Soldaten marschierten unter Friedrichs Führung erstmals in Dreierreihen auf, was wirkungsvolles Salvenfeuer erlaubte. Er führte auch die so genannte schräge oder schiefe Schlachtordnung ein. Dabei wurden die eigenen Truppen nicht gleichmäßig vor dem Gegner verteilt, sondern an einem Flügel verstärkt. Friedrich schrieb: »Man verweigere dem Feind einen Flügel und verstärke den, der angreifen soll.« Das konnte freilich nur gelingen, wenn das Überraschungsmoment hinzukam. Drei seiner großen Schlachten hat Friedrich so gewonnen: Mollwitz 1741, Leuthen 1757 und, am eindrucksvollsten, Hohenfriedberg 1745 im Zweiten Schlesischen Krieg. Bei Kunersdorf jedoch verlor er gegen ein russisch-österreichisches Heer, weil es dem ersten Sturm standhalten konnte, wodurch der preußische Angriff zusammenbrach.

Friedrich hatte die Herbstmanöver eingeführt, wo die Bewegung aller Waffengattungen gemeinsam geübt wurde. Damals meinte man, es gebe nichts in der Kriegskunst, was sich mit der Schönheit dieser Manöver auf den Potsdamer Feldern vergleichen ließe. Nach jedem seiner Kriege beschäftigte sich der König auch theoretisch mit taktischen Fragen. Im Siebenjährigen Krieg hat er Armeen geteilt, sodass diese den Gegner vorn und hinten angreifen konnten. Er verstärkte die Artillerie, die ihren Auftritt hatte, bevor die Infanterie losmarschierte. In den Lücken zwischen den Infanterieregimentern konnte die Kavallerie hervorpreschen.

Der Feldherr Friedrich hatte allerdings auch einige herausragende Generäle an seiner Seite, die ihm in einigen Fällen zu Freunden wurden. Allen voran Graf von Schwerin, der freilich schon zu Beginn des Siebenjährigen Kriegs fiel. Friedrich Wilhelm von Seydlitz (1721–1773) entschied mit seiner Kavallerieattacke im November 1757 die Schlacht bei Roßbach. Er deckte den Rückzug nach der Schlacht von Kolin und blies bei Zorndorf (1758), entgegen dem Befehl des Königs, erst zum Angriff, als er im Rücken der russischen Hauptmacht stand. Hans Karl von Winterfeldt (1707–1757) fiel im Siebenjährigen Krieg. Friedrich klagte, er finde »Mittel gegen die Menge meiner Feinde, aber wenige Winterfeldt werde ich wiederbekommen«. Der von Friedrich aus russischen Diensten übernommene und von ihm hoch geschätzte James Francis Edward Keith (1696–1758) fiel bei Hochkirch. Der populärste General unter allen aber war der Husar Hans Joachim von Zieten (1699–1786), der alle Kriege Friedrichs überlebte und als alter Mann in Sans-

Die Schlacht von Leuthen
war eine der ersten Schlachten des Siebenjährigen Kriegs und wurde am 5. Dezember 1757 geschlagen. Die Preußen unter Friedrich II. besiegten mit 29 000 Mann durch kluge Taktik das österreichische Heer unter Prinz Karl Alexander von Lothringen (1712–1780) mit 66 000 Mann. Die österreichischen Truppen wurden zunächst auf den Kirchhof von Leuthen zurückgedrängt, dessen Erstürmung viele Tote und Verwundete kostete. Nach der Schlacht sangen die preußischen Truppen »Nun danket alle Gott«, was als »Choral von Leuthen« in die Geschichte einging. Napoleon (1769–1821) sagte über Leuthen: »Diese Schlacht ist ein Meisterwerk der Bewegung, des Manövers und der Entschlossenheit; sie allein würde genügen, um Friedrich unsterblich zu machen und ihm einen Rang unter den größten Feldherren zuzuweisen.«

»Bonsoir, Messieurs!«
Friedrich überrascht 1757
österreichische Offiziere,
von Adolph Menzel 1880

souci an der Tafel des Königs einmal beim Mahl eingenickt sein soll, was Friedrich zu der Bemerkung veranlasste: »Lasst ihn schlafen, er hat lange genug für uns gewacht.« Zieten war ein Draufgänger, der überraschende Attacken bevorzugte, was ihm den Spitznamen »Zieten aus dem Busch« einbrachte. Im Zweiten Schlesischen Krieg gelang es ihm 1745, mittels einer List mit seinem gesamten Husarenkorps ohne Eile mitten durch den österreichischen Aufmarsch zu reiten, um zu verhindern, dass die Österreicher sich der Depots im schlesischen Jägerndorf bemächtigen konnten. Dieser wagemutige Ritt – mehr als 76 Kilometer in 22 Stunden – hat den für die Preußen so glorreichen Sieg von Hohenfriedberg erst ermöglicht. Ein Draufgänger war Zieten offenbar auch im Privatleben: Mit 65 Jahren heiratete er in zweiter Ehe eine 25-Jährige und hatte mir ihr noch zwei Kinder.

Unter Friedrichs Generälen muss schließlich noch einer erwähnt werden, der einerseits dem König sehr nahe war, ihm andererseits aber kritisch gegenüberstand und einen Mann wie Winterfeldt nur für einen Kriegstreiber hielt: Prinz Heinrich, Friedrichs jüngster Bruder. Heinrich sagte über Friedrich: »Er wollte nur bataillieren, das war seine ganze Kriegskunst.«

26 Weshalb gab es zwei Schlesische Kriege?

Es gab sogar drei, denn auch im Siebenjährigen Krieg von 1756 bis 1763 ging es für Preußen um den Erhalt der eroberten Provinz Schlesien. Friedrich war 1740 eben König geworden, als er überraschend in Schlesien einfiel, um den Habsburgern ihre reichste Provinz zu entreißen.

1740 gab es noch einen zweiten Thronwechsel, der allerdings unerwartet kam. In Wien starb im Oktober Kaiser Karl VI. Er hatte keine männlichen Erben. Es war ihm aber gelungen – wie bereits geschildert –, die weibliche Thronfolge durchzusetzen. So kam Maria Theresia auf den Thron, 23 Jahre alt, in den Staatsgeschäften unerfahren. Damit auch Friedrich Wilhelm I., ein treuer Bündnispartner des Kaisers, die weibliche Thronfolge anerkannte, hatte Karl zugesichert, ihn bei seinen Erbschaftsansprüchen auf Jülich und Berg mit der Hauptstadt Düsseldorf zu unterstützen. Später aber wollte Karl davon nichts mehr wissen. Kurz vor seinem Tod zeigte Friedrich Wilhelm im

> **Der Hohenfriedberger**
> Der Hohenfriedberger Marsch ist einer der bekanntesten deutschen Militärmärsche. Angeblich marschierte das Dragonerregiment Bayreuth am Tag nach der Schlacht von Hohenfriedberg unter den Klängen des Marschs ins Quartier, und Friedrich zog dabei seinen Hut. Angeblich sogar soll der König selbst der Komponist gewesen sein. Das alles ist Sage. Die erste bekannte Aufzeichnung des Marschs stammt von 1795. Erst 1845, ein Jahrhundert nach der Schlacht, kam zur Melodie auch ein Text: »Auf, Ansbach-Dragoner! Auf, Ansbach-Bayreuth!« Belegt ist lediglich, dass das Dragonerregiment Bayreuth sich vom König die Erlaubnis erbat, Grenadiermärsche mit Trommel und Pfeife für die Fußtruppen spielen zu dürfen wie auch Kürassiermärsche mit Pauken und Fanfaren für die Reiter. Im Kaiserreich stand der Hohenfriedberger Marsch als Symbol für das Haus Hohenzollern und wurde zum »Ruhmesmarsch« der preußischen Armee.
> Der ebenso bekannte Torgauer Marsch wiederum hat nichts mit der Schlacht im Siebenjährigen Krieg zu tun. Ein Torgauer Lehrer soll ihn komponiert und Friedrich Wilhelm III. überreicht haben.

Weshalb gab es zwei Schlesische Kriege?

Die Schlacht bei Hohenfriedberg am 4. Juni 1745

Kreis seiner Generäle auf seinen 29 Jahre alten Sohn Friedrich und sagte: »Der da wird mich rächen.« Tatsächlich überlegte Friedrich sogleich, wie er die politische Lage für Preußen ausnutzen konnte. Österreich war geschwächt, Preußen aber besaß dank des Soldatenkönigs eine der besten Armeen und einen wohlgefüllten Staatsschatz.

Friedrich beschloss, die reichste Provinz der Habsburger für Preußen zu erobern. Völlig überraschend marschierten seine Truppen, zwei Korps mit 27 000 Mann, am 16. Dezember 1740 in Schlesien ein. Es gab nicht einmal eine Kriegserklärung. Keine der europäischen Mächte hätte es für möglich gehalten, dass das sonst so friedfertige Preußen einen Überraschungsangriff vorbereitete – noch dazu im Winter. Militärisch gesehen war es der erste »Blitzkrieg« der Geschichte. Schlesien wurde von den Preußen mühelos überrannt. Erst im folgenden Frühjahr stießen die Preußen auf Widerstand. Am 10. April 1741 kam es zur Schlacht bei Mollwitz. Die österreichische Kavallerie fegte die preußische vom Feld. Aber Generalfeldmarschall von Schwerin behielt die Nerven und errang den Sieg. Fast genau ein Jahr spä-

»Ich habe den Rubikon überschritten, mit fliegenden Fahnen und klingendem Spiel.« Friedrich II. 1740 nach dem Einmarsch in Schlesien

80 Weshalb gab es zwei Schlesische Kriege?

Die Schlacht bei Mollwitz am 10. April 1741

ter besiegte Friedrich die Österreicher nahe dem böhmischen Dorf Chotusitz. Wenige Wochen darauf wurde der Frieden von Breslau geschlossen. Maria Theresia brauchte ihre Truppen gegen Frankreich. Denn Friedrichs Angriff hatte nun auch die anderen europäischen Mächte auf den Plan gerufen. Es begann der Österreichische Erbfolgekrieg, der bis 1748 dauerte. 1742 überließ Maria Theresia in ihrer Not Schlesien vorerst dem Eroberer, jedenfalls das gesamte Niederschlesien und große Teile Oberschlesiens. Preußen hatte sein Gebiet um ein Drittel vergrößert. Aber das allein sagt nicht viel. Es hatte noch weit mehr gewonnen, denn Schlesien war reich an Menschen, Gewerbe und ertragreichen Böden. Im Gegenzug verzichtete Friedrich auf Ansprüche im Erbfolgestreit um Jülich und Berg.

Der dänische Minister Johann Hartwig Ernst Graf von Bernstorff (1712–1772) nannte das vorfriderizianische Preußen damals einen jungen, mageren Körper mit der ganzen Esslust dieser physiologischen Entwicklungsstufe. Friedrichs überraschender Angriff wurde als »Jahrhundertverbrechen« bewertet und gehörte für spätere Historiker »zusammen mit der Teilung Polens zu den sensationellen Verbrechen der Geschichte der Neuzeit«.

Mit dem Ersten Schlesischen Krieg war der Gegensatz zwischen Österreich und Preußen aufgebrochen, den Friedrich Wilhelm immer vermieden hatte und der schließlich 1871 zum deutschen Kaiserreich führte – dem Österreich nicht mehr angehörte. Maria Theresia nannte Friedrichs Herrschaft eine »militärische Regierungsform« und warnte davor, dass das andauernde, von Preußen angeheizte Aufrüsten »endlich ganz Europa zur unerträglichen Last fallen« müsse. Den preußischen König hasste sie auf besondere Weise. Von ihr ist der Satz überliefert: »Konnte nur der König die Frauen nicht leiden, weil er ein so böser Mann war, oder war er ein so böser Mann, weil er die Frauen nicht leiden konnte?«

Wie so oft, wenn ein Frieden geschlossen wird, enthielten die Bedingungen den Keim für den nächsten Krieg. 1743 hatte Österreich, im Bunde mit England, den Sieg über Frankreich errungen. Friedrich fürchtete um seine schlesischen Eroberungen und begann den Zweiten Schlesischen Krieg abermals mit einer tollkühnen Aktion: Im August 1744 marschierte er mit einer Armee von 80 000 Mann in Böhmen ein. Es ging direkt auf Prag zu, das auch eingenommen wurde. Aber danach verließ Friedrich das Feldherrenglück. Die preußischen Truppen litten unter Nachschubmangel und Desertion und wurden immer weiter nach Schlesien abgedrängt. Schließlich aber entschied Preußen durch drei siegreiche Schlachten den Krieg für sich – die von Hohenfriedberg in Schlesien am 4. Juni 1745, die Abwehr des Angriffs der Österreicher bei Soor in Nordböhmen am 30. September und den Sieg über die ins antipreußische Lager übergewechselten Sachsen bei Kesselsdorf am 15. Dezember desselben Jahres.

Der Zweite Schlesische Krieg endete mit dem am 25. Dezember 1745 geschlossenen Frieden von Dresden. Schlesien blieb preußische Provinz. Sachsen musste auf alle Ansprüche verzichten und zudem eine hohe Kriegsentschädigung zahlen. Der Österreichische Erbfolgekrieg freilich endete erst 1748 mit dem Frieden von Aachen und der endgültigen Anerkennung der weiblichen Erbfolge in Österreich. Die Auseinandersetzung mit Preußen war dabei nur ein Nebenaspekt. Friedrich ging es allein um Schlesien, seiner Gegenspielerin Maria Theresia aber ging es um die Existenz Österreichs und die Kaiserwürde für ihren Gemahl Franz Stephan (1708–1765). Friedrich blieb auf der Hut. 1753 schrieb er: »Ich behaupte nicht, dass der Angriff bevorsteht, aber ich bin sicher, dass er kommen wird.« Drei Jahre später war es so weit. Friedrich marschierte in Sachsen ein, abermals ohne Kriegserklärung.

27 Welche Nationen waren vom Siebenjährigen Krieg betroffen?

Der Siebenjährige Krieg war in gewisser Weise bereits ein Weltkrieg. Er tobte auf vier Kontinenten – Europa, Asien, Afrika und Amerika. Obwohl sich die Konfliktparteien in ein katholisches und ein protestantisches Lager spalteten, verfolgten sie rein machtpolitische Interessen.

Dem katholischen Österreich und dem protestantischen Preußen ging es nicht um Weltherrschaft, wohl aber um die Vorherrschaft in Deutschland. Dieser Konflikt schwelte dann weiter bis zum Krieg von 1866, der den Dualismus der beiden Mächte für Preußen und gegen Österreich entschied. Dennoch trifft das Wort von William Pitt (1708–1778) zu, Kanada sei für Großbritannien auf den Schlachtfeldern Schlesiens gewonnen worden. Denn 1754 standen die beiden Kolonialmächte Großbritannien und Frankreich vor einem neuen Krieg. Im nordamerikanischen Ohiotal kam es zu Zusammenstößen. Das band die Kräfte vor allem in Übersee. Großbritannien fürchtete um seine hannoverschen Besitzungen und schloss mit Preußen, das bis dahin mit Frankreich verbündet war, die Westminster-Konvention. Daraufhin kam es zu einem Bündnis zwischen Frankreich, Österreich und schließlich sogar Russland, dem sich auch Sachsen und Schweden sowie einige weitere deutsche Territorialstaaten anschlossen. Vom »reversement des alliances«, vom Umsturz der Bündnisse, war damals die Rede, so überrascht waren die Zeitgenossen über die neue Kräfteverteilung.

Friedrich versuchte einmal mehr, durch einen Präventivkrieg seine Position zu stärken, und marschierte 1756 in Sachsen ein und weiter nach Böhmen. Er wollte die Österreicher schlagen, bevor Frankreich und Russland eingreifen konnten. Diese Rechnung ging nicht auf. Die Belagerung Prags blieb ohne Erfolg, kostete aber ein prominentes Opfer: Graf von Schwerin starb einen »Bilderbuchtod«. Als die preußischen Linien im österreichischen Feuer auseinanderzubrechen drohten, sprengte Schwerin heran, nahm die Fahne und rief seinen Soldaten zu: »Heran, meine Kinder, heran!« Von mehreren Kugeln getroffen, sank er schließlich tot vom Pferd. »Schwerin mit der Fahne« wurde zu einem geflügelten Wort.

Vor allem aber gelang es erstmals einer österreichischen Armee unter Leopold Graf von Daun, die Preußen in offener Feldschlacht zu besiegen. Nach der Schlacht von Kolin marschierten die Österreicher und ein Reichsherr in Schlesien ein. In Westfalen unterlagen die britisch-hannoverschen

Der Tod des Grafen von Schwerin in der Schlacht bei Prag 1757, von Daniel Chodowiecki, 1786

Truppen, und die Franzosen nahmen Hannover ein. Die Russen bedrängten Ostpreußen, die Schweden Pommern. Ein österreichisches Streifkorps gelangte sogar bis nach Berlin. Nun drohte Friedrich die Vereinigung französischer und österreichischer Truppen. Aber da kehrte das Kriegsglück zu den Preußen zurück. Am 5. November 1757 siegten sie bei Roßbach nahe Halle über eine gegnerische Armee, die doppelt so groß wie die eigene war. Die französische Armee konnte sich gar nicht erst entfalten und wurde zersprengt. Damals entstand zum ersten Mal so etwas wie ein patriotisches Gefühl, und Friedrich sprach von der deutschen Nation. Er meinte freilich keineswegs das, was wir heute darunter verstehen. Ihm ging es um Preußen und Preußens Vorherrschaft in Deutschland.

Einen Monat später gelang Friedrich bei Leuthen in Schlesien noch einmal ein glänzender Sieg, wiederum gegen einen viel stärkeren Gegner. Auch sonst veränderte sich die politische Lage zugunsten Preußens. Die Briten stellten eine neue britisch-hannoversche Armee auf. Dabei spielte William Pitt d. Ä. eine große Rolle, der als eine Art Außenminister die Politik Großbritanniens maßgeblich bestimmte. Unter ihm siegten die Engländer auch in Übersee und in Indien. Friedrich wollte Frieden, aber die Engländer waren daran interessiert, dass in Europa weiter französische Truppen gebunden wurden. 1758 versuchte Friedrich abermals, die Österreicher zu schlagen, und marschierte in Mähren ein. Daun aber stellte sich nicht zur Schlacht. Friedrich blieb nur der Rückzug, denn inzwischen waren die Russen an der Oder aufgetaucht. Zwar gelang den Preußen am 25. August 1758

»Und kommt der große Friedrich und klopft nur auf die Hosen, so läuft die ganze Reichsarmee, Panduren und Franzosen.«
Volksreim nach der Schlacht von Roßbach 1757

84 Welche Nationen waren vom Siebenjährigen Krieg betroffen?

Friedrich der Große hält mit seinen Brüdern und Generälen Kriegsrat während des Siebenjährigen Kriegs.

bei Zorndorf nordöstlich von Küstrin ein Sieg über die Armee von Zarin Elisabeth (1709–1762), aber die eigenen Verluste waren hoch, und der Sieg war nicht entscheidend. Alle beteiligten Mächte hatten den Krieg bis zur Erschöpfung geführt. Da gelang es am 12. August 1759 einem vereinigten Heer aus russischen und österreichischen Truppen bei Kunersdorf, die Preußen vernichtend zu schlagen. Preußen wäre wohl verloren gewesen, hätten sich die Verbündeten auf ein gemeinsames Vorgehen einigen können. Die Preußen erwarteten den Entscheidungsschlag, aber er blieb aus. In Hochkirch in der Oberlausitz erlitt Friedrich eine weitere Niederlage, diesmal gegen die Österreicher. Daun gelang zudem einige Wochen später ein weiterer Sieg, der als »Finkenfang von Maxen« in die Geschichte einging. Die von den Österreichern eingeschlossenen preußischen Truppen unter General Friedrich August von Finck ergaben sich in der Nähe von Pirna – immerhin 10 000 Mann. Danach begannen zwar Friedensverhandlungen, aber Österreich und Russland lehnten ab in der Hoffnung, Preußen endgültig niederzuringen. Auch die beiden folgenden Jahre brachten weder für Österreich noch für Preußen einen entscheidenden Vorteil. Die Lage wurde für Friedrich immer schwieriger. Er war von allen Seiten bedroht, längst waren Teile Sachsens und Schlesiens wieder verloren.

Unterdessen war Georg III. englischer König geworden. Pitt verlor an Einfluss. 1760 wurde er gestürzt. Im selben Jahr gelang den Preußen bei Torgau durch den Wagemut Zietens noch einmal ein Sieg über Österreich. Es war eine der blutigsten Schlachten des 18. Jahrhunderts. Aber all das hätte dem

König nicht viel genutzt, wäre am 5. Januar 1762 nicht seine erbitterte Feindin, Zarin Elisabeth, gestorben. Neuer Zar wurde Peter III. (1728–1762), ein glühender Bewunderer Friedrichs, der im Hause Holstein-Gottorp aufgewachsen war. Ihm blieben freilich nur wenige Monate Zeit, bevor Offiziere ihn ermordeten und Katharina die Große (1729–1796) an die Macht kam. Er nutzte sie für ein Friedensbündnis mit Friedrich. Die Russen zogen sich aus Ostpreußen zurück. Friedrich selbst empfand diese unerwartete Wende als das »Mirakel des Hauses Brandenburg«. Katharina hob dann zwar das Bündnis mit Preußen wieder auf, erklärte sich aber für neutral. In der Schlacht bei Burkersdorf gelang es Friedrich am 21. Juli 1762, Schlesien zurückzuerobern. Im Oktober siegte Prinz Heinrich bei Freiberg. Nun war auch Sachsen wieder preußisch.

Endlich bequemten sich die Mächte zum Frieden, zunächst in Paris der große Sieger Großbritannien sowie Frankreich, Portugal und Spanien. Auf Schloss Hubertusburg bei Leipzig schlossen schließlich Preußen, Österreich und Sachsen Frieden. Schlesien blieb preußisch, Sachsen musste Friedrich wieder räumen und der Wahl Josephs, des Sohnes von Maria Theresia, zum Kaiser zustimmen.

Das »Mirakel des Hauses Brandenburg« beschworen fast 200 Jahre später die Nationalsozialisten in ihren Durchhalteparolen angesichts der bevorstehenden Niederlage im Zweiten Weltkrieg.

Die Begegnung Friedrichs II. mit Joseph II. am 25. August 1769 in Neisse, von Adolph Menzel, 1857

28 Trägt Friedrich Schuld am Siebenjährigen Krieg?

Er hat ihn begonnen, als er ohne Kriegserklärung in Sachsen einfiel. Er war damit der Anlass, aber nicht die alleinige Ursache. Die übrigen Großmächte hätten jede Gelegenheit genutzt, Preußen unter sich aufzuteilen, so wie sie es später – unter Beteiligung Preußens – mit Polen getan haben.

Friedrich kam mit seinem Militärschlag allen zuvor und durchkreuzte die gegen Preußen gerichteten Pläne. Der Siebenjährige Krieg war eben ein weltumspannender Konflikt, aus dem England als der eigentliche Sieger hervorging. Frankreich verlor seine Überseeprovinzen und war fast bankrott. Österreich musste Schlesien endgültig aufgeben. Sachsen, Schweden und Polen fielen in politische Bedeutungslosigkeit. Preußen jedoch war nach dem Siebenjährigen Krieg endgültig Großmacht – neben Österreich. Friedrich war zu einem der bekanntesten Fürsten seiner Zeit geworden, zu einem Star geradezu. Schon damals hießen Wirtshäuser »König von Preußen«.

Der Krieg dauerte von 1756 bis 1763. Am Ende konnte Preußen das 1740 eroberte Schlesien zwar behalten, aber um einen hohen Preis! »Diesen Krieg hätte der Monarch sicher gern vermieden«, schrieb sogar Ingrid Mittenzwei in ihrer 1979 in der DDR erschienenen Friedrich-Biografie. Preußen kostete der Krieg 139 Millionen Taler. 180 000 preußische Soldaten fielen. Allein in der Schlacht um Prag gab es 14 500 Tote und Verwundete, bei Kolin mehr als 10 000, bei Zorndorf mehr als 12 000, bei Hochkirch mehr als 9000 und in der für die Preußen so verheerenden Schlacht bei Kunersdorf sogar 19 000. Insgesamt verloren fast 300 000 Soldaten ihr Leben. Auch an Friedrich selbst ging dieser Krieg nicht spurlos vorbei. Er hat sich in einem Brief selbst beschrieben: »Auf der rechten Kopfseite sind meine Haare ganz grau; meine Zähne zerbrechen und fallen aus; mein Gesicht ist runzlig wie die Falten eines Frauenrocks, mein Rücken krumm wie ein Fiedelbogen und mein Geist traurig und niedergeschlagen wie der eines Trappisten.«

Preußen hatte weder die Kraft noch die Bedeutung, den Konflikt zu verhindern. Sich aus dem Krieg herauszuhalten – das allerdings wäre dem Machtpolitiker und Feldherrn Friedrich dann doch nicht eingefallen.

Der König spricht vor der Schlacht von Leuthen am 4. Dezember 1757 zu seinen Generälen.

Die Schlacht von
Roßbach am
5. November 1757

Woher die preußische Armee ihre Soldaten nahm

Seit 1644 hatte Brandenburg ein stehendes Heer. Die Soldaten dafür wurden durch Werber im In- und Ausland rekrutiert. Bereits unter Friedrich I. wurden Uniformen eingeführt, ebenso ein Militärgericht, um Disziplin durchzusetzen. Unter dem Soldatenkönig Friedrich Wilhelm I. wurde 1733 ein erstes gesetzliches Rekrutierungssystem, das so genannte Kantonreglement, eingeführt, das im Grunde genommen bis 1814 Bestand hatte, also bis zur Einführung der allgemeinen Wehrpflicht. Das Kantonreglement verfügte, dass alle männlichen Kinder zum Militärdienst zu rekrutieren waren. »Enrollieren« nannte man das. Die erfassten Rekruten erhielten ein Zeichen, eine Halsbinde oder einen Hutpuschel. Sie bekamen den »Laufpass«, wurden also zunächst für unbestimmte Zeit beurlaubt, bis sie in der Truppe gebraucht wurden. Um einen allgemeinen Wettbewerb der militärischen Einheiten um Soldaten zu vermeiden, wurde das Land in Kantone unterteilt, denen dann jeweils ein Regiment zugeteilt war, das bei Bedarf die Wehrpflichtigen rekrutierte. Die Dienstzeit eines Kantonisten betrug in der Regel zwei Monate im Jahr. Den Rest des Jahres konnten die Soldaten auf ihre Höfe oder in ihre Werkstätten zurückkehren. Städtische Bürger waren oft vom Militärdienst befreit, hatten aber für die Soldaten Quartiere bereitzustellen. 1806 brach das friderizianische Militärwesen bei Jena und Auerstedt zusammen. Die Zeit der preußischen Militärreformer begann.

War Friedrich der Große König der Falschmünzer?

In gewisser Weise. Schon während des Siebenjährigen Kriegs begann Friedrich Münzfälschungen im großen Stil. Er bediente sich dabei der Hilfe von Juden, seiner »Münzjuden«. Sie wurden dadurch zwar reich, hatten von Friedrich aber keinerlei Schutz zu erwarten.

Der König verpachtete 1757 die sächsischen und 1759 die preußischen Münzstätten. Er ließ die eingehenden Steuergelder sowie die Subsidiengelder aus Großbritannien einschmelzen und unter dem Zusatz von Nichtedelmetallen ausprägen, und zwar in doppelter Menge. Sieben Millionen Taler brachte das jährlich. So finanzierte er seine Kriege, aber auch den Wiederaufbau des Landes. Noch 1752 schrieb er, man müsse verhindern, dass die Juden »Unternehmungen im großen machen und darauf sehen, dass sie nur Kleinhändler bleiben«. Seit 1755 aber vergab er Großaufträge nur noch an Konsortien aus fähigen Geschäftsleuten. Königliche Münzstätten gab es in Berlin, Breslau, Kleve, Aurich, Königsberg, Magdeburg und Stettin. Am 6. Oktober 1755 schloss Friedrich einen Generalpachtvertrag mit der Firma Itzig & Co. Sie hatte dem König angeboten, für 200 000 Taler eine Million Taler in reduziertem Münzfuß zu prägen, also weniger Gold bei gleichem Raugewicht zu verwenden.

Fast ein Viertel der Kriegsausgaben für den Siebenjährigen Krieg soll durch Münzbetrug in königlichem Auftrag finanziert worden sein. 1756 erbeuteten Friedrichs Truppen in Sachsen den dortigen Münzstempel. Er kam nach Berlin, wo dann zwischen 1758 und 1760 Münzen geprägt wurden, die nur noch zwei Drittel des früheren Goldgehalts aufwiesen. Damit konnten die Preußen dann gut einkaufen, wertvolle ungarische Husarenpferde etwa oder polnisches Vieh für die Truppenverpflegung. Die an solchen Betrügereien Beteiligten gingen nicht leer aus. Jüdische Händler kamen zu Reichtum und wurden den christlichen gleichgestellt.

Festdekoration zum Hubertusburger Frieden, mit dem der Siebenjährige Krieg am 15. Februar 1763 endete

Friedrich II. förderte die Königlich-Preußische Porzellanwarenmanufaktur.

Die Verträge unterzeichnete im Auftrag des Königs der Generalmünzpächter Friedrich Bogislav von Tauentzien (1710–1791), eigentlich ein preußischer General, der dann Stadtkommandant von Breslau wurde.

1764 ließ Friedrich per Edikt die minderwertigen Münzen wieder einziehen, freilich diesmal zu ihrem tatsächlichen Wert. Die meisten Geldgeschäfte für Preußen wurden in Hamburg erledigt. Wegen der plötzlichen Geldknappheit, die nicht allein Preußen zu verantworten hatte, brachen zuerst Bank- und Handelshäuser im für Preußen wichtigen Amsterdam zusammen, dann 95 Banken und Unternehmen in Hamburg. So wurde eine veritable Wirtschaftskrise ausgelöst. Aber der preußische Staatshaushalt sanierte sich dennoch. Friedrichs Pläne, die Geldgeschäfte in seinem Land in einer Bank nach Vorbild der Bank of England zu konzentrieren, scheiterten trotz Gründung einer »Giro-Disconto- und Leihbank« 1765.

Nach dem Siebenjährigen Krieg reformierte der König die Steuer- und Finanzverwaltung. Der Merkantilismus trieb viele Blüten. Die Ausfuhr von Wolle stand unter strenger Strafe. Alles sollte möglichst im Land hergestellt und dort auch verbraucht werden. Friedrichs Kombination von Salzsteuer und gesetzlichem Mindestverbrauch von Salz aus den preußischen Salinen etwa führte zu einer starken Verbreitung von Salzgurke und Rollmops.

Schließlich spielte für Preußen auch eine große Rolle, dass während des Kriegs aus Sachsen 50 Millionen Taler herausgepresst wurden. Friedrich freute sich: »Sachsen ist wie ein Mehlsack. Man mag darauf schlagen, so oft man will, so kommt immer etwas heraus.«

»Außen recht und innen schlimm, außen Friedrich, innen Ephraim.«
Volksvers aus der Zeit des Siebenjährigen Kriegs über die Münzqualität

30 Weshalb beteiligte sich Friedrich an der Teilung Polens?

Dreimal wurde Polen zwischen Preußen, Österreich und Russland aufgeteilt: 1772, 1793 und 1795. Nach der dritten polnischen Teilung gab es keinen eigenständigen polnischen Staat mehr. Friedrich ging es vor allem um die Landverbindung von Brandenburg über Pommern bis nach Ostpreußen.

Der ersten Teilung vorausgegangen war eine Schwächung des polnischen Staates, der sich als »Adelsrepublik« verstand. Polen war unter die Vorherrschaft Russlands geraten. Das provozierte ein gegen Russland gerichtetes Bündnis, die Konföderation von Bar, die von 1768 bis 1772 bestand. Dahinter stand eine Gruppe polnischer Adliger, welche die Unabhängigkeit gegenüber Russland wiederherstellen wollte. Die Konföderierten riefen nach auswärtiger Hilfe. So drohte eine Verschiebung des Kräftegleichgewichts in Europa. Die polnische Teilung hatte deshalb auch mit der so genannten orientalischen Frage zu tun, dem Krieg zwischen Russland und dem osmanischen Reich. Russland war siegreich – in Asien genau wie in Polen, und Österreich rüstete zum Krieg, um den russischen Einfluss in Europa einzudämmen. Diese Situation wollte Friedrich ausnutzen, einen schon lange gehegten und in seinem *Politischen Testament* niedergeschriebenen Plan zu verwirklichen – eine Landverbindung seiner Provinzen entlang der Ostseeküste. Schon 1766 hatte Friedrich darüber sinniert, dass die Interessen Preußens und Russlands in Polen eigentlich übereinstimmten. Voltaire sagte einmal, Friedrich müsse auf die Idee zur ersten polnischen Teilung gekommen sein, weil sie von Genie zeuge. Die Teilung Polens war aber in Wahrheit eine unverfrorene Aggression. Andererseits muss man sie in ihrer Zeit sehen: Preußen und Österreich, noch erschöpft vom Siebenjährigen Krieg, wollten auf diese Weise den Frieden sichern, indem sie friedlich ihre Einflussgebiete absteckten.

Zunächst aber musste Russland für den Plan gewonnen werden. Diese Aufgabe übernahm Heinrich, der am Hof von Katharina der Großen gern gesehen war. Mit den Österreichern besprach Friedrich den Plan, als er Kaiser Joseph II. im August 1769 im schlesischen Neisse traf.

Das Ziel wurde schließlich erreicht, auch wenn Friedrich auf die Städte Thorn und Danzig verzichten musste. Am 5. August 1772 wurde der Teilungsvertrag zwischen Österreich, Russland und Preußen unterzeichnet. Preußen erhielt das so genannte königliche Preußen mit dem Ermland sowie

Weshalb beteiligte sich Friedrich an der Teilung Polens?

Die russische Kaiserin Katharina II., der polnische König Stanislaus II. August, der österreichische Kaiser Joseph II. und Friedrich II. mit einer Karte Polens, anlässlich der ersten polnischen Teilung 1772

dem Netze-Distrikt mit Bromberg. Gegenüber den Landgewinnen der anderen beiden Mächte war das zwar kein so großes Gebiet, aber es war von größter Bedeutung für Preußen – geopolitisch, wirtschaftlich und bevölkerungspolitisch.

August Graf Neidhardt von Gneisenau (1760–1831), damals Oberbefehlshaber der preußischen Truppen in Posen, später einer der wichtigen preußischen Reformer, meinte, Österreich und Russland hätten bei der Teilung Polens eher Luxusartikel hinzugewonnen, Preußen aber etwas, das dringend benötigt wurde. Friedrich sprach gegenüber seinem Bruder Heinrich von einem »günstigen Erwerb«: »Aber um wenig Neid zu wecken, sage ich jedem, der es hören will, dass ich während meiner Reise nur Sandböden, Fichten, Einöden und Juden gesehen hätte.«

Friedrich versuchte fortan, die Grenzen zum Rest Polens immer weiter auszudehnen. So annektierte er bei dieser Gelegenheit kurzerhand noch 52 Städte und mehr als 1000 Dörfer – und konnte nach dem Grenzvertrag einen großen Teil davon behalten.

»Polnisch-Preußen würde die Mühe lohnen, selbst wenn Danzig nicht inbegriffen wäre. Denn wir hätten die Weichsel und die freie Verbindung mit dem Königreiche, was eine wichtige Sache sein würde.«
Friedrich, 1771

31 Wurde der Kartoffelkrieg tatsächlich um Erdäpfel geführt?

Nein. Es war nur ein Spottname für den Bayerischen Erbfolgekrieg 1778/79. Weil es zu keiner Entscheidung kam, wurde die Versorgung der Truppe zum Hauptproblem. Militärisch verlor Friedrich, aber auf diplomatischem Wege gelang es ihm, seine Interessen durchzusetzen.

Allegorie auf den Frieden von Teschen am 13. Mai 1779, mit dem der Bayerische Erbfolgekrieg endete

Der Erbfolgekrieg war ausgebrochen, als der bayerische Kurfürst Maximilian III. Joseph (1727–1777) kinderlos starb. Damit endete die bayerische Linie der Wittelsbacher. Joseph II. setzte in diesem Erbfall auf alte Verträge – und die Macht seines Militärs. Österreich marschierte im Land des Nachbarn ein und besetzte kurzerhand große Teile Bayerns. Schon einmal, 1742, waren die Österreicher so schnell entschlossen in Bayern eingedrungen. Die Wittelsbacher blieben so eine Zeit lang ohne Land. Als aber Friedrich damals – es war zu Beginn des Zweiten Schlesischen Kriegs – in Böhmen einfiel, mussten die österreichischen Truppen Bayern wieder aufgeben.

Friedrich wollte auch jetzt wieder verhindern, dass sich das Kräfteverhältnis zwischen Österreich und Preußen zugunsten der Österreicher verschob. Das war ja der Grundkonflikt seiner Zeit. Also versuchte er Wien Steine in den Weg zu legen, wo immer es ging. Noch einmal zog der alte König in den Krieg. Er bot rund 154 000 Mann auf. Allerdings stand die Armee nach dem Siebenjährigen Krieg mitten in der Umstrukturierung. Die Österreicher hatten nur 142 000 Mann. Friedrich konnte auf Russland als Verbündeten rechnen. Joseph II. hingegen sah sich in seiner Hoffnung auf den Bündnispartner Frankreich getäuscht.

Die Österreicher vermieden die offene Schlacht. Nun begann ein Taktieren und ein Manövrieren der Truppen, ohne dass es zu einer Schlacht kam, die eine Entscheidung hätte bringen können. Weil sich der Krieg in die Länge zog, ohne ein richtiger Krieg zu sein, wurde die Versorgung der Soldaten immer schwieriger. Die Kartoffelmieten retteten die Truppe. Als auch die Proviantreserven im böhmischen Grenzgebiet aufgebraucht waren, zogen sich die Preußen in ihre grenznahen Ausgangspositionen zurück, ohne gekämpft zu haben. Österreich hatte damit eigentlich gesiegt, jedenfalls militärisch.

Diplomatisch freilich setzte Friedrich alles in Bewegung, um die Pläne des jungen Joseph II. zu durchkreuzen. Dabei half ihm eine Frau, gegen die er 1740 in den Krieg gezogen war, die inzwischen aber seine Achtung erworben hatte: Maria Theresia, die frühere Kaiserin. Sie übte Druck auf ihren Sohn aus, sodass im Mai 1779 der Frieden von Teschen geschlossen wurde. Die Österreicher mussten weitgehend auf die besetzten bayerischen Gebiete verzichten. Es sei ein paradoxes Ergebnis, meinte Johannes Kunisch in seiner Friedrich-Biografie, dass »die latente Rivalität zweier hochgerüsteter Großmächte nicht wie im Fall Polens zu einer Teilung eines machtlosen Dritten führte, sondern zur Restituierung des an den Kampfhandlungen gar nicht Beteiligten«.

Friedrich spricht zu den Generälen, bevor seine Truppen 1778 in den Bayerischen Erbfolgekrieg ziehen, von Adolph Menzel, 1840

Ein Jahr nach Friedensschluss starb Maria Theresia, sieben Jahre später Friedrich. 1785 gründete Preußen den protestantisch dominierten Fürstenbund als Antwort auf Österreich, das vergeblich an seinen bayerischen Plänen festhielt.

Der Berliner Autor Tom Wolf, der mit seinen »Preußenkrimis« um Friedrich den Großen bekannt wurde, hat mit einem Augenzwinkern darauf hingewiesen, dass der Begriff »Kartoffelkrieg« eigentlich viel besser auf den preußisch-schwedischen Grenzkonflikt während des Siebenjährigen Kriegs passen würde. Da hatten die Schweden nämlich Saatkartoffeln nach Schwedisch-Pommern entführt, um dort den Anbau zu fördern.

»Denn ich fürchte ihn eben noch viel mehr, weil er wütend ist über die üble Rolle, die du ihn hast spielen lassen.«
Maria Theresia über Friedrich in einem Brief an ihren Sohn Joseph, September 1778

32 Welche Provinz eroberte Friedrich der Große im Frieden?

»Hier habe ich eine Provinz im Frieden erobert.« Den Satz soll Friedrich ausgesprochen haben, als er 1753 das eingedeichte Oderbruch besuchte. Verbürgt ist er nicht, aber es war eine beachtliche Leistung. 1200 Familien, zumeist Einwanderer, siedelte der König in 43 neuen Kolonien an.

Bei der Erholung des Landes nach den beiden ersten Schlesischen Kriegen, dem *Retablissement*, ging es vor allem darum, neue Flächen zu finden, auf denen Einwanderer angesiedelt werden konnten. Im Oderbruch, flussabwärts hinter Frankfurt an der Oder gelegen, hatte sich schon König Friedrich Wilhelm I. um Landgewinnung bemüht, wenn auch vergeblich. Friedrich berief eine Oder-Baukommission ein, der auch ein holländischer Wasserbaumeister angehörte. Die Kommission fuhr zunächst auf einem Oderkahn das Gebiet ab, um es auszumessen. Bei dieser mehrere Tage dauernden Reise war auch der Mathematiker Leonhard Euler (1707–1783) dabei, ein Akademiemitglied. Die Kommission zeigte die enormen technischen

Die Teufelsbrücke über dem historischen Finowkanal

Schwierigkeiten auf. Die Oder sollte begradigt, eingedeicht und schiffbar gemacht, das häufig überschwemmte tief liegende Land trockengelegt werden. Die Arbeiten dauerten sechs Jahre lang. Mehr als 1000 Arbeiter waren dabei, viele mit dem Ziel, hier später einmal zu siedeln. Da die Arbeitskräfte nicht ausreichten, schickte Friedrich Soldaten zur Verstärkung. 200 000 Morgen Land wurden schließlich eingedämmt. Viele Siedlungen wurden nur von Einwanderern bestimmter Herkunft besiedelt. Es gab Kolonien der Nassauer und Pfälzer, vor allem aber der Franzosen und Hugenotten. Sie genossen viele Vorrechte, blieben vorerst steuerfrei, waren freie Bauern und bekamen unentgeltlich Saatgut vom König. Ihre Religionsfreiheit war ohnehin gesichert. Das gewonnene Land wurde auch verkehrstechnisch erschlossen, so durch den Ausbau des Kanalsystems. Gebaut wurden 1745 der Plauesche Kanal, der Elbe und Havel verband, sowie 1746 der Finowkanal zwischen Oder und Havel. 1772 entstand der Bromberger Kanal zwischen Elbe und Weichsel. Die Swine bei Swinemünde wurde schiffbar gemacht, Swinemünde wurde Hafenstadt. In dem vergrößerten Preußen fielen zudem die Zollschranken.

Der König lässt sich von Brenkenhoff eine Deichbaustelle im Oderbruch zeigen.

Die Trockenlegung des Oderbruchs gilt bis heute als Friedrichs große Friedenstat. Die Arbeiten gingen aber weiter. Von 1763 bis 1767 wurde das Netze-Bruch entwässert, von 1765 an das Warthe-Bruch urbar gemacht. Von 1774 an gab es eine Art Landerschließungsprogramm für das gesamte Preußen, das mit einem gewaltigen Meliorationsprogramm einherging. Eine Schätzung besagt, dass 1500 neue Dörfer entstanden mit knapp 60 000 Familien. Preußen gewann dadurch etwa eine Viertelmillion neuer Bürger. Hinzu kamen noch etwa 100 000, die sich in den Städten ansiedelten. Friedrichs wichtigster Mann bei der Neulandgewinnung war Franz Balthasar Schönberg von Brenkenhoff (1723–1780), ein herausragender Ökonom. Noch vor dem Ende des Siebenjährigen Kriegs erhielt er den Auftrag, das Land zu bereisen, die Schäden zu begutachten und Möglichkeiten zu finden, wie den Bewohnern »in ihren Wirthschafts-Umständen wieder geholfen und sie retabliret werden können«.

Dass sich die Bevölkerungszahl Preußens unter Friedrich II. annähernd verdoppelt hat, lag an seinen Eroberungen, aber eben auch an der Einwanderungspolitik, der »Peuplierung«. Als Friedrich starb, war beinahe jeder fünfte Preuße ein Neusiedler.

> »Pommern muss als ein zur Hälfte unbebautes Land betrachtet werden. Es gibt in Vorder- und Hinterpommern eine Menge Sümpfe zu entwässern, wo man 100 000 Seelen ansiedeln kann.«
> Friedrich im *Politischen Testament* von 1752

33 Weshalb schloss Friedrich mit Amerika einen Staatsvertrag?

Den internationalen Vertrag »Treaty of Amity and Commerce« schlossen die Vereinigten Staaten von Amerika am 10. September 1785 mit Preußen ab. Friedrich II. war in Amerika sehr beliebt. Als der Vertrag ein Jahr später in Kraft trat, war der König allerdings schon tot.

Ausgehandelt und unterzeichnet hatten den Vertrag auf preußischer Seite der Gesandte im Haag Friedrich Wilhelm von Thulemeyer (1735–1811), auf amerikanischer Seite John Adams (1735–1826), Thomas Jefferson (1743–1826) und vor allem Benjamin Franklin (1706–1790). Schon während des Unabhängigkeitskriegs schickte der Kongress Gesandte in die europäischen Staaten aus, um Chancen für die Aufnahme diplomatischer Beziehungen zu prüfen. Friedrich II. hielt zunächst Distanz. Er wollte den Ausgang des Kriegs abwarten. Die Unterhändler, so befahl er, sollten als Kaufleute getarnt reisen. Derweil trat Frankreich offen auf die Seite der Vereinigten Staaten und unterstützte die amerikanischen Truppen großzügig mit Geld und Waffen. Dahinter stand in erster Linie der Wunsch, Revanche zu nehmen für die Niederlage im Siebenjährigen Krieg.

Nach dem Ende des Unabhängigkeitskriegs und der Niederlage der Briten änderte sich auch Friedrichs Haltung. Nun wurde der Vertrag ausgehandelt, bei dem es vor allem um Wirtschaftsfragen ging, aber auch um humanitäre Aspekte. Der Vertrag umfasst insgesamt 24 Artikel. Artikel 23 hat Franklin selbst eingefügt, und Friedrich hat ihn ausdrücklich gebilligt. Er lautete: Sollte es zum Krieg kommen, sollen die Zivilisten unbehelligt bleiben und entschädigt werden, falls sie Verluste an ihrem Eigentum hinnehmen müssten. Artikel 24 regelte die Frage der Kriegsgefangenen. Deren Leben sollte geschont werden, und überhaupt seien sie menschlich zu behandeln. Im wirtschaftlichen Teil des Vertrags ging es um Zollfreiheit für den Austausch verschiedener Waren wie etwa Tabak, Reis, Indigo und Walfischtran aus Amerika gegen schlesisches Leinen, Porzellan, Eisenwaren und Tuche aus Preußen. Friedrich erhoffte sich bei dieser Gelegenheit besonders für den Hafen von Emden in Friesland einen Aufschwung, der zu dieser Zeit schon eine Art preußischer Überseehafen geworden war.

Ob Friedrich ahnte, welche Entwicklung die Vereinigten Staaten nehmen würden? Das ist Spekulation. Ihm lag wohl näher, England seine Grenzen aufzuzeigen. Noch im Siebenjährigen Krieg war Großbritannien ein Ver-

Der britische General John Burgoyne (1722–1792) verlor die Schlacht von Saratoga 1777 im amerikanischen Unabhängigkeitskrieg.

bündeter Preußens gewesen. Auch da hatte die Amerikapolitik bereits eine Rolle gespielt: Preußen sollte die Engländer auf dem europäischen Kontinent entlasten, damit britische Truppen frei wurden für den Krieg in den Kolonien. Preußen bekam dafür britisches Geld für die eigene Rüstung. Trotz dieses Vertrags und obwohl Friedrich beim englischen Volk populär war, war das Verhältnis beider Staaten nie frei von Spannungen – vor allem seit der Thronbesteigung Georgs III. 1760, jenes Königs, der auch die Niederlage in Amerika hinnehmen musste.

Aber schon über Georg II. schrieb Friedrich in seinem *Politischen Testament* von 1752: »Das Verhalten König Georgs, das mir gegenüber stets hochfahrend und schroff war, hat bei mir in den Verhandlungen, die es mit den Engländern gegeben hat, nicht die ganze Freundlichkeit aufkommen lassen, die ich gern aufgebracht hätte.« Der König von England habe in Europa alles nur aus der Sicht seines Kurfürstentums Hannover betrachtet. »Allem, was ihm für dieses Kurfürstentum günstig erscheint, ist er zugeneigt, alles, was ihm dort als nachteilig erscheint, bringt ihn auf. Der Hass, den er gegen Preußen hegt, hat seinen Ursprung in alten Zwistigkeiten zwischen dem hannoverschen Ministerium und dem in Berlin und zum Teil in der Missgunst, mit der er das Anwachsen der Macht seines Nachbarn beobachtet.«

»Wäre der Landgraf von Hessen aus meiner Schule hervorgegangen, so würde er den Engländern seine Unterthanen nicht verkauft haben, wie man Vieh verkauft, um es auf die Schlachtbank zu schleppen.« Friedrich II. in einem Brief an Voltaire

Womöglich hatte Friedrich aber noch eine ganz persönliche Rechnung offen. Seine Mutter hatte versucht, seine älteste Schwester Wilhelmine auf den britischen Thron zu bringen und ihn selbst mit einer englischen Prinzessin zu verheiraten. Der Vater Friedrich Wilhelm hatte diese Pläne durchkreuzt. Georg III. hatte sich schließlich mit einer Prinzessin aus Mecklenburg-Strelitz verheiratet. Ausgerechnet die im kleinen Mirow nahe Rheinsberg geborene Sophie Charlotte (1744–1818) wurde englische Köni-

Friedrich Wilhelm von Steuben und Prinz Heinrich

Friedrich Wilhelm von Steuben (1730–1794) stammte aus Magdeburg und nahm als preußischer Offizier am Siebenjährigen Krieg teil. Er brachte es bis zum Stabskapitän. Prinz Heinrich, der Bruder Friedrichs II., förderte ihn. Nach seiner Verabschiedung war Steuben Hofmarschall beim Fürsten von Hohenzollern-Hechingen. 1777 ging er nach Amerika. Er trat in die Armee George Washingtons (1732–1799) ein und brachte es dort zum Generalinspekteur der Revolutionsarmee im Rang eines Generalmajors. Steuben war damit für die Organisation, Ausbildung und Disziplin der Truppen zuständig. Als Kommandeur einer eigenen Truppe hatte er großen Anteil am Sieg über die britische Armee im amerikanischen Unabhängigkeitskrieg. Seine in der preußischen Armee gewonnenen taktischen Kenntnisse spielten im Kampf gegen die Briten eine große Rolle. Seinem Andenken gilt die bunte Steuben-Parade jedes Jahr am Samstag nach dem 17. August in New York.

Steuben wandte sich 1787 in einem Brief an Prinz Heinrich und fragte ihn, ob er sich vorstellen könne, König von Amerika zu werden. Zu dieser Zeit diskutierten die Kolonisten über die Frage, wie die künftige Regierung beschaffen sein sollte. Der britische König galt als Vorbild, aber auch Friedrich der Große. In jedem Fall ging es um eine starke Exekutive. So kam es zu dem, was als »monarchical plot« oder »the Prince Henry affair« in die Geschichte einging. Wie ernst Heinrich die Sache selbst genommen hat, ist nicht ganz klar. Er antwortete jedenfalls ausweichend. Er sei zu alt, um neue Anstrengungen im Leben auf sich zu nehmen.

Weshalb schloss Friedrich mit Amerika einen Staatsvertrag?

gin, über deren arme Verwandtschaft sich Friedrich in seinen Kronprinzentagen lustig gemacht hatte.

Dass Friedrich sich in Amerika großer Beliebtheit erfreute, hatte nicht nur mit seinem allgemein großen Ruf zu tun, sondern auch mit dem Umstand, dass er sich gegen die Vermietung von Truppen aus Hessen-Kassel, Hessen-Hanau, Ansbach, Waldeck und Anhalt-Zerbst nach England ausgesprochen und die Truppentransporte so weit wie möglich behindert hatte. Die kleinen Fürstentümer hatten die Vermietung der eigenen Jugend in die britische Armee als Einnahmequelle für sich entdeckt.

Wie mühevoll die amerikanische Selbstfindung nach dem Sieg im Unabhängigkeitskrieg war, zeigt die Ratifizierung des Vertrags mit Preußen. Sie kam erst am 17. Mai 1786 zustande, weil bei den vorausgegangenen Sitzungen im amerikanischen Kongress nie genug Mitgliedstaaten vertreten waren. Der Frieden der Vereinigten Staaten mit Großbritannien wurde im Frühjahr 1782 in Paris ausgehandelt und im November unterzeichnet. In Kraft trat er am 3. September 1783.

Die Kapitulation der Engländer nach der Schlacht von Saratoga 1777 war der Wendepunkt im amerikanischen Unabhängigkeitskrieg.

34 Wahrheit oder Legende: Verbot Friedrich seinem Koch wirklich den Wein?

Zumindest hat sich eine Verfügung am Rand eines Küchenrapports erhalten, bei dem es um Ausgaben für den Wein ging. In des Königs Handschrift hieß es dort: »Küche muss kein Wein kriegen, die Schurken die Köche besaufen sich sonst.« Friedrichs Anweisungen konnten sehr bissig sein.

Der Zettel mit der Speisenfolge für den nächsten Tag wurde dem König jeweils am Nachmittag überreicht. Mitunter konnte er es gar nicht erwarten, besonders wenn er zu Mittag mit großem Appetit gegessen hatte. Friedrich schrieb gern seine Bemerkungen auf den Küchenzettel, lobte und kritisierte das Essen, äußerte Wünsche oder befahl – wie er überhaupt viele der ihm vorgelegten Papiere mit seinen schillernden Bonmots zu etwas Besonderem machte. So sprach er einen Kirchenräuber frei, der behauptet hatte, die Muttergottes selbst habe ihm das Kirchensilber gegeben. Bei der Prüfung durch eine von der katholischen Kirche eingesetzte Kommission war diese Behauptung als durchaus glaubwürdig bezeichnet worden – sehr zum Verdruss des Königs. So schrieb Friedrich hinzu, er verbiete dem Manne bei strenger Strafe, künftig noch einmal Geschenke von der heiligen Jungfrau anzunehmen. Ein aufgebrachter Friedrich konnte so klingen wie in einer Notiz an einen strafversetzten Offizier: »Wenn man wüst im Kopf wird und ins Gelage hineinlebt, so muss man sich nicht wundern, dergleichen Schicksal, als Euch, nach Eurer Vorstellung vom 4. widerfahren ist, zu empfinden.« Als es um einen Soldaten ging, der mit einem Pferd Sodomie betrieben hatte, vermerkte der König nur: »Versetzt den Kerl zur Infanterie.«

Der König kümmerte sich um alles persönlich, jedenfalls konnte es so erscheinen. Darin glich er seinem Vater, der allerdings beim Aktenstudium sogar Ärmelschoner getragen haben soll. So etwas brauchte Friedrich in seiner abgetragenen Uniform nicht. Nach dem Aufstehen setzte er sich an den

Kabinettschreiben von Friedrich II. gegen das »Juristenlatein«, 1744

Die Schlossküche in Sanssouci

Schreibtisch, wo die eingetroffene Post bereitlag, und sah sie durch. Interessante Post las er selbst, andere gab er an seine Geheimen Kabinettssekretäre weiter, die ihn später über den Inhalt informieren sollten. Der Arbeit am Schreibtisch folgte die Audienz im Vorzimmer. Am späten Vormittag nach einer Pause, die er zumeist mit Flötenspiel verbracht haben soll, empfing der König die Kabinettsräte für den persönlichen Vortrag. Danach schrieb er Briefe, bis zu Tisch gerufen wurde.

An normalen Tagen nahmen die Staatsgeschäfte des Königs also nur einen bescheidenen Teil des Tagesablaufs ein. Auch war er längst nicht mit allen Entscheidungen persönlich befasst, zumal er häufig genug abwesend war. Dabei forderte Friedrich noch 1783 die Verwaltung auf, »nichts von euren eigenen Kopf zu tun, sondern über alles und jedes, wenn es auch nur Kleinigkeiten sind, vorher bei mir anzufragen«. In seinem zweiten *Politischen Testament* von 1768 betonte er, »dass in einem Staat niemals etwas Großes und Nützliches geschehen kann, in dem der Fürst nicht selbst regiert, weil nur in einem einzigen Kopf ein Plan aufgestellt werden kann und die Politik, Heerwesen und Finanzen alle zum gleichen Ziel geführt werden können«.

Die königlichen Entscheidungen ergingen per Kabinettsorder. In der zweiten Hälfte seiner Regierungszeit soll Friedrich II. täglich bis zu zwölf solcher Anweisungen, die Gesetzen gleichkamen, gegeben haben.

> »Den ›allgegenwärtigen König‹ gab es als Möglichkeit, selten in der Realität, so erstaunlich die Personalkenntnis und das Erinnerungsvermögen des Königs waren.«
> Theodor Schieder in seiner Friedrich-Biografie, 1983

35 Waren Teltower Rübchen nach des Königs Geschmack?

Friedrich II. wusste jedenfalls Delikatessen zu schätzen. Teltower Rübchen sind nachweislich auf seine Tafel gekommen. Friedrich lobte deren »aromatisch feinen Geschmack«. Im Allgemeinen aber liebte er französische und italienische Küche. Zum Nachtisch aß er am liebsten Obst.

Die Rübchen aus Teltow

Teltower Rübchen werden seit mehr als 250 Jahren in der Gegend von Teltow in Südbrandenburg angebaut – und nur dort, denn bei Luft- und Bodenveränderung reagieren die Rübchen derart empfindlich, dass sich Form, Farbe und Geschmack verändern. Carl Friedrich Zelter (1758–1832), Direktor der Berliner Singakademie, ließ seinem Freund Goethe regelmäßig ein Paket Rübchen zukommen.

Friedrich war – anders als sein Vater, der schlichte bürgerliche Speisen bevorzugte – ein Feinschmecker, den Küche und Keller sehr interessierten. Sein Appetit war bis ins Alter hinein groß, und oft lud er sich Gäste ein. Unsere Vorstellung von der Tafelrunde in Sanssouci wird bestimmt durch das Gemälde von Adolph Menzel, gemalt lange nach dem Tod des Königs. Eine ständige Einrichtung war diese Runde aber keineswegs. Gegessen wurde Punkt zwölf Uhr. Das war nicht zu früh, wenn man bedenkt, dass der König schon um fünf oder sechs Uhr aufzustehen pflegte. Die Tafel konnte bis 14 oder 15 Uhr dauern, je nachdem, wie Friedrich gelaunt war – zumal er glaubte, beim Essen altere man nicht. Er liebte die Speisen scharf gewürzt. In den Kaffee etwa schüttete er weißen Senf, weil er glaubte, damit das Risiko eines Schlaganfalls verringern zu können. Überhaupt nahm er mit Vorliebe Dinge zu sich, die ihm eigentlich nicht bekamen. Man aß von feinem Porzellan, trank aus Champagnerflöten und benutzte Messer und Gabel.

Acht Schüsseln müssen reichen, jedenfalls im Alltag – so sah es der König, wobei der Begriff Schüsseln Gänge bezeichnete. Es gab Suppe, eine Vorspeise, zwei Hauptgänge, drei Beigerichte und Dessert. Unter Friedrichs zwölf Köchen waren Franzosen und Italiener, aber auch Deutsche. Er liebte Käse- und Mehlspeisen, Polenta, Pasteten, Schinken und Kohl. Auch so modische Zutaten wie Olivenöl, Makkaroni, Parmesankäse, Esskastanien gab es bereits in der Hofküche. Zum Essen wurde Wein gereicht, Bergerac oder Bordeaux.

Wenn dem König danach war, gab es auch Champagner und ungarischen Wein an der Tafel. Wein aus Rheinhessen hingegen verachtete er. Büsching merkte in seinem Bericht über Friedrich an, dass der König an der Tafel viel trank »beständig und fleißig, und also viel, welches aber fast bloß durch die Ausdünstung wieder fort ging«.

Vor allem aber liebte Friedrich Obst. Schon in seiner Neuruppiner Zeit hatte er selbst exotische Früchte im Gewächshaus gezogen. Wiederholt sprach er von seinen Melonen. Auch Sanssouci hatte die berühmten Gewächshäuser an den Treppen hinauf zum Schloss. Dort wurden Pfirsiche, Melonen, Wein, Feigen und Kirschen hinter Glas gezogen. Außerdem kamen Obstlieferungen aus südlichen Ländern. Im Alter soll er gern kleine Tafeln von Schokolade genascht haben. Den Tag begann er damit, dass er mehrere Gläser Wasser trank. Es folgten zwei bis drei Tassen Kaffee, mal mit Milch, mal ohne. Im Feld soll Friedrich anspruchslos gewesen sein. Überhaupt passt es zu seinem Charakterbild, dass er zwar vieles sehr genoss, aber ebenso gut darauf verzichten konnte.

> »Empfing der König Besuch von Seiner Familie, oder gab er außerordentliche und feyerliche Gastmale, so wurden wohl 12, 20 ja 30 Schüsseln aufgetragen, und dieses geschah auch bey den Kriegsübungen und Musterungen, und bey den Redouten.«
> Anton Friedrich Büsching in *Friedrich der Große privat*

König Friedrichs Tafelrunde in Sanssouci, von Adolph Menzel, 1850

36 Lag Friedrich richtig, als er dem Müller Arnold aus Pommerzig recht gab?

Nein. Der König verstieß, als er sich in das Gerichtsverfahren einmischte, gegen seine eigenen Grundsätze. Immerhin gab das den Impuls für die wichtigste preußische Justizreform: das Preußische Allgemeine Landrecht, auf dem seit 1900 auch das bürgerliche Gesetzbuch fußt.

In seinem ersten *Politischen Testament*, das 1752, also 34 Jahre vor seinem Tod, geschrieben wurde, bekannte Friedrich: »Ich habe mich entschlossen, niemals störend in den Verlauf eines gerichtlichen Verfahrens einzugreifen: In den Gerichtshöfen müssen die Gesetze sprechen, und der Souverän muss schweigen.« Allerdings, setzte er hinzu, halte ihn das nicht davon ab, »die Augen offenzuhalten und das Verhalten der Richter zu überwachen«.

Als Friedrich den Thron bestieg, war es in Preußen um das Gerichtswesen schlecht bestellt. Die Prozesse dauerten ewig. Ein Streit zwischen dem Fiskus und einem Dorf währte da sogar schon 200 Jahre lang. Friedrich macht Samuel Freiherr von Cocceji (1679–1755), der schon seinem Vater gedient hatte, zum Justizminister und beauftragte ihn, »bei den justizcollegien solche Einrichtung zu treffen, dass alle Prozesse ohne Weitläufigkeiten nach wahrem Recht binnen Jahresfrist abgeschlossen werden könnten«. Cocceji, mit dem königlichen Wort ausgestattet, reiste durch die Provinzen und räumte tatsächlich binnen Jahresfrist auf. Allein in Stettin wurden mehr als 2000 Verfahren entschieden, in Köslin mehr als 1000. Cocceji führte eine allgemeine Prozessordnung ein, den *Codex Fridericianus Pomeranicus*, der später, als er 1748 auch in der Mark Brandenburg galt, *Codex Fridericianus Marchicus* genannt wurde. Cocceji beendete den Ämterhandel in der Justiz und setzte durch, dass bei der Einstellung von Richtern die fachliche Eignung nach festgelegten Kriterien geprüft wurde. Ziel war es, das Gerichtswesen wirklich unabhängig zu machen – unabhängig vom Machtwort des Königs genau wie vom Geld der Streitparteien.

Im Fall des Müllers Johannes Arnold aus Pommerzig im Kreis Crossen in der Neumark verstieß Friedrich 1779 gegen seine eigenen Grundsätze. Müller Arnold wehrte sich vor Gericht gegen den Besitzer der Mühle, die Familie von Samuel Graf von Schmettau (1684–1751), einen preußischen Feldmarschall. Dass er die Pacht nicht zahlen könne, begründete der Müller damit, dass der Landrat oberhalb der Mühle, die von einem Zufluss der Oder

> »Es ist aber Sehr Dicke und Gesetze müssen kurtz und nicht weitläufig seindt.«
> Friedrich über das Allgemeine Landrecht in Preußen

Lag Friedrich richtig, als er dem Müller Arnold aus Pommerzig recht gab?

betrieben wurde, einen Karpfenteich habe anlegen lassen, welcher der Mühle das Wasser wegnehme. Das Gericht entschied gegen den Müller. Die Mühle sollte geräumt, das Inventar versteigert werden, um die Schulden zu bezahlen. Der Müller, der sogar in Haft gekommen war, wandte sich daraufhin mit einer Bittschrift an den König. Es gelang ihm, vor den König gerufen zu werden und seine Sache darzustellen. Friedrich, misstrauisch gegen seine eigenen Beamten, kam zu dem Ergebnis, dem Mann sei Unrecht geschehen, und ordnete ein neues Verfahren an: »Es soll Berufung eingelegt werden an das Berliner Kammergericht, und das soll schnell entscheiden.« So geschah es auch. Nur einen Tag – man sagte damals: einen Tag und eine Nacht – benö-

Friedrich hält den am Fall des Müllers Arnold beteiligten Richtern 1779 eine Strafpredigt (Grafik aus *Der alte Fritz in fünfzig Bildern*, 1893).

106 Lag Friedrich richtig, als er dem Müller Arnold aus Pommerzig recht gab?

tigte das Kammergericht, das einen untadeligen Ruf genoss, für seine Entscheidung. In der Sache gab es kein anderes Ergebnis: Der Müller wurde zur Zahlung der Pacht und zur Räumung verurteilt.

Friedrich reagierte auf den Gerichtsspruch mit einem Wutanfall, weil er eine Verschwörung gegen den armen Müller vermutete: »Ein Justiz-Collegium, das Ungerechtigkeit ausübt, ist gefährlicher und schlimmer wie eine Diebesbande, vor der kann man sich schützen; aber vor Schelmen, die den Mantel der Justiz gebrauchen, um ihre üblen Passiones auszuführen, vor denen kann sich kein Mensch hüten. Sie sind ärger wie die größten Spitzbuben, die in der Welt sind, und meritieren eine doppelte Bestrafung.«

Es blieb nicht nur bei scharfen Worten. Den Regierungspräsident von Küstrin entließ der König fristlos, ebenso den Großkanzler Carl Joseph Fürst von Kupferberg (1717–1790), diesen sogar mit den Worten: »Marsch, hinaus, Seine Stelle ist schon vergeben.« Die Richter ließ er einsperren. Das Urteil wurde kassiert, der Karpfenteich zerstört, der Müller erhielt Schadenersatz. Europa war begeistert, dass der König sich der Sache eines armen Mannes annahm, der sich gegen die Ignoranz der Gerichte nicht durchzusetzen vermochte. Andererseits meinten vor allem die bürgerlichen Kreise in Berlin, das Kammergericht habe Mut vor Fürstenthronen bewiesen. Der Müller hatte, wie sich zeigen sollte, vor dem Gesetz unrecht. Aber erst Friedrichs Nachfolger rehabilitierte die damals Entlassenen.

Großkanzler wurde nach Kupferbergs Entlassung Johann Heinrich Kasimir von Carmer (1720–1801). Ihn beauftragte Friedrich mit einer Reform des Rechtswe-

Der Müller Johannes Arnold

sens. Carmer wiederum verließ sich auf die Rechtsgelehrten Carl Gottlieb Svarez (1746–1798) und Ernst Ferdinand Klein (1744–1810), die im April 1780 die ersten Entwürfe für das neue Landrecht vorlegten, dessen Tragweite damals noch niemand erkannte. Die drei Juristen lebten damals übrigens in Berlin zusammen in einem Haus. Es war sozusagen die erste Wohngemeinschaft. Svarez und Klein gehörten der so genannten Mittwochgesellschaft in Berlin an, einer Art Geheimbund. Man blieb dort unter sich, um offen die gesellschaftliche Entwicklung diskutieren zu können. Hier traf sich, was in der Berliner Aufklärung Rang und Namen hatte.

Was Svarez und Klein schließlich verfassten und dem König vorlegten, gilt, wie Theodor Schieder meinte, als »die bedeutendsten Leistung des aufgeklärten Absolutismus in Preußen«, als »das imposanteste und modernste Gesetzbuch jener Zeit«, wie der Jurist Uwe Wesel anmerkte. Oder auch als »das Testament des alten, absolutistischen Staates, sein Vermächtnis an die Zukunft«, so Christian Graf von Krockow. In seinen letzten Lebensjahren hatte sich Friedrich um das Gesetzesvorhaben wenig gekümmert. Umso lebhafter war die Debatte. Es gab viele Änderungsvorschläge. Und sogar Immanuel Kant meldete sich zu Wort. In seinem Aufsatz *Was ist Aufklärung?* (1784) ging der Philosoph auf den Gesetzentwurf ein. Kant lobte den König dafür, »dass selbst in Ansehung der Gesetzgebung es ohne Gefahr sei, seinen Untertanen zu erlauben, von ihrer eigenen Vernunft öffentlich Gebrauch zu machen, und ihre Gedanken über eine bessere Abfassung derselben, sogar mit einer freimütigen Kritik der schon gegebenen, der Welt öffentlich vorzulegen«.

Das neue Landrecht spiegelte freilich die Zeit seiner Entstehung. Die Patronialgerichtsbarkeit etwa, die Gerichtsbarkeit der Gutsbesitzer, des Adels, blieb davon unberührt. Auch hat sich Friedrich vergeblich bemüht, die Leibeigenschaft abzuschaffen. Das gelang erst unter Friedrich Wilhelm III., und auch da nicht durchgreifend. Das neue Landrecht wurde erst 1794, lange nach dem Tod Friedrichs, eingeführt. Dessen Nachfolger war das Gesetz zu liberal erschienen, und so hatte er es erst einmal zurückgestellt.

Das *Allgemeine Landrecht für die Preußischen Staaten*, so der offizielle Titel, war bei seinem Inkrafttreten bereits in vieler Hinsicht nicht mehr zeitgemäß. Als erster und bis heute einziger neuzeitlicher Versuch einer umfassenden Kodifizierung von Zivilrecht, Strafrecht und öffentlichem Recht in einem Gesetzbuch ist es jedoch von bleibender Bedeutung.

> »Man hat, meiner Meinung nach, nicht wohl getan, dass man den Großen das Selbstherrschen gar zu sehr angepriesen hat. Die berühmtesten Selbstherrscher waren nicht immer die vorzüglichsten Regenten.«
> Ernst Ferdinand Klein in einem Fachaufsatz, 1788

37 Welchen Namen gab der König seinem Schloss auf dem Weinberg?

Sanssouci – ohne Sorge. Die ersten Entwürfe für das Schloss hat der König selbst gezeichnet. Die Bauarbeiten dauerten lange. Am 1. Mai 1747 aber konnte der König das neue Gebäude beziehen. Sanssouci wurde sein bevorzugter Wohnort, wenn auch nur von Frühjahr bis Herbst.

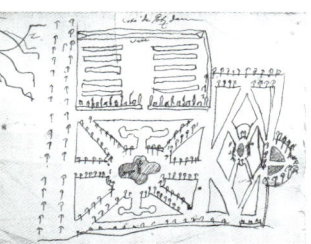

Eigenhändiger Entwurf König Friedrichs II. für den östlichen Teil des Parks von Sanssouci, 1745

Potsdam war schon unter dem Großen Kurfürsten bevorzugter Aufenthaltsort und zweite Residenz geworden. Von 1662 bis 1669 entstand das neue Stadtschloss nach holländischem Vorbild. Dort starb der Große Kurfürst. Sein Sohn, später der ersten König in Preußen, schrieb in sein Übungsbuch: »Mein Herr Vater hat Potsdam sehr lieb. Es ist ein lustiger Ort, ich bin gern da und mein Bruder auch.« Friedrich Wilhelm I., der Soldatenkönig, schwankte zwischen Brandenburg an der Havel und Potsdam, wählte aber schließlich ebenfalls Potsdam. Auch Friedrich hielt sich gern im Potsdamer Schloss auf, hatte aber kurz erwogen, in Rheinsberg zu residieren.

An einem schönen Augusttag des Jahres 1744 nahm der König sein Mittagsmahl auf einem Hügel bei Potsdam ein, dem so genannten Weinberg. Er genoss den Blick über die gefällige Havellandschaft. Aber die Sache war auch etwas unbequem. Zelte mussten aufgestellt und Speisen hinaufgetragen werden. Für den König und seine Begleitung konnte an heißen Tagen der Aufstieg durch den märkischen Sand anstrengend und unbequem sein. So kam Friedrich auf die Idee, an dieser Stelle ein Schloss zu bauen. Der

Karyatiden von Friedrich Christian Glume am Schloss von Sanssouci

Das Schloss Sanssouci und die Terrassen davor, um 1760

eigentliche Entwurf stammt von seinem Architekten Knobelsdorff. 1745 begannen die Bauarbeiten für das »Lusthaus auf dem wüsten Berg«. Sie wurden durch den Zweiten Schlesischen Krieg unterbrochen.

Der Berg wurde dazu in Terrassen gegliedert. Ursprünglich waren es 120 Stufen vom Park hinauf zum Schloss, heute sind es 132. Knobelsdorff bedauerte es, dass der König das Schloss nicht, wie er vorgeschlagen hatte, unterkellern wollte. Er hätte das Schloss auch gern näher an die Terrassenkante herangerückt und insgesamt erhöht. Auch das wollte der König nicht, obgleich es doch eigentlich zu flach wirkt für die Höhe des Hügels. Diese Unstimmigkeit soll Knobelsdorff das Herz gebrochen und das Verhältnis zum König zerstört haben. Aber Friedrich beharrte eigensinnig darauf.

Das Schloss ist etwa 100 Meter breit, eingeschossig und zwölf Meter hoch. Berühmt wurde die Kuppel, Knobelsdorffs Idee. Der Architekt hatte sich zuvor in Italien aufgehalten und gestaltete den Marmorsaal zu einer Nachbildung des Pantheon in Rom. Der Bildhauer Friedrich Christian Glume (1714–1752) schuf die Karyatiden, die angesichts der Leichtigkeit des Baus gar nicht viel zu tragen haben. Sechs Meter hoch sind die Räume. Hinzu kamen einige Nebengebäude, so die Bildergalerie und die Orangerie, die später zu den Neuen Kammern wurde.

Nicht nur das Schloss selbst ist ein großer Wurf, sondern auch die sechs nach innen gewölbten Terrassen mit ihren halbrunden, seit 1773 auch verglasten Nischen. Von unten wirkt es so, als würde sich das Schloss auf einem Glasberg erheben.

In Sanssouci lebte Friedrich von April bis weit in den Herbst hinein – wenn er nicht gerade im Feld war. Im Winter war Sanssouci nicht zu bewohnen, denn statt Öfen gab es nur kleine Kamine.

> »Im Hintergrunde steht ihre Statue, und an jeder Säule ist ein Medaillon von einem solchen Helden befindlich, der sich durch Freundschaft berühmt gemacht hat. Der Tempel liegt in einem Boskett meines Gartens, und ich gehe oft dahin, um an so manchen Verlust und an das Glück zu denken, das ich einst genoss.«
> Friedrich 1773 an Voltaire über den seiner Schwester Wilhelmine gewidmeten Freundschaftstempel im Park von Sanssouci

Weshalb baute Friedrich das Neue Palais?

Nach dem Siebenjährigen Krieg entstand unweit von Sanssouci das Neue Palais. Es wurde schon von den Zeitgenossen als Machtdemonstration verstanden, als ein Symbol, dass Preußen auch nach den langen Kriegen keineswegs erschöpft war. Aber das allein erklärt nicht den Aufwand.

Friedrich wünschte tatsächlich mehr Platz und mehr Wohnqualität – für sich, den Hofstaat, die Familie, die Gäste. Deshalb wurde der König noch einmal Bauherr. Das Neue Palais mit seiner »wahrhaft königlichen Majestät des Anblicks«, wie es 1917 in einem Potsdam-Buch hieß, entstand zwischen 1763 und 1769, schließt den Park von Sanssouci westlich ab und ist nicht nur der letzte Schlossbau Friedrichs, sondern die letzte bedeutende Schlossanlage des preußischen Barocks überhaupt. Das Schloss selbst hat bereits gewaltige Ausmaße. Hinzu kommen Wirtschaftsgebäude, die so genannten Communs. Sie dienten als Küche, Keller, Lagerräume, Kastellanhaus, Remise und Torwache. Friedrich bezeichnete den Bau als Fanfaronade: ein Zeichen für Preußens Stärke auch nach dem langen Krieg. Andere nannten es lieber eine Prahlerei. Knapp drei Millionen Reichstaler soll die Anlage gekostet haben.

Aber nicht nur deshalb ist das Neue Palais zum Symbol der friderizianischen Spätzeit geworden. Das Schloss wirkt überladen, außen wie innen. Es gibt zu viel Skulpturenschmuck. Die Tambourkuppel, an deren Spitze drei Grazien die preußische Krone tragen, kam schon den Zeitgenossen zu plump vor. All das geht aber auf den Eigensinn des Königs zurück.

Weil Friedrich sich beim Neuen Palais immerzu in das Baugeschehen einmischte, verlor er einen Architekten nach dem anderen. Auch wurde der Zeitdruck beim Bauen immer größer, was die Qualität minderte. Dabei konnten die Fachleute gerade noch verhindern, dass das Schloss ebenerdig gebaut wurde wie Sanssouci – Sanssouci steht auf einem Hang, das Neue Palais in einer feuchten Senke. Absonderlich ist auch die Raumeinteilung. Im Hauptgebäude logierten die Gäste des Königs. Sie erreichten ihre Apartments über jeweils eigene Eingänge und vier Treppenhäuser. Friedrich

Der König mit seinen Architekten vor der Baustelle, 1767

Das Neue Palais in einer um 1900 entstandenen Fotografie

wohnte im Südflügel, allerdings selten und nur im Winter. Es gibt mehrere prächtige Säle und Gesellschaftsräume im Schloss, darunter den märchenhaft anmutenden Grottensaal, eine kunsthistorische Besonderheit, und das heute noch bespielte Theater. Dass keine langen Zimmerfluchten geplant wurden, soll an Friedrichs Angst vor Zugluft gelegen haben. Mit dem Bau des Neuen Palais verbunden war die Erweiterung des Parks. Das Belvedere auf dem Klausberg mit zwei Gesellschaftsräumen entstand, dazu der Freundschaftstempel, den Friedrich seiner älteren Schwester Wilhelmine widmete, und der Antikentempel.

Das Neue Palais wurde später mehrfach verändert. 30 Jahre lang diente es dem deutschen Kaiser Wilhelm II. als Wohnsitz. Dabei wurde die Gartenseite zur Hauptfront, weil der Kaiser im Auto über die östliche Avenue vorzufahren pflegte. Die frühere Hauptfront wurde zum tristen »Sandhof«. Wilhelm ließ auch die Terrasse mit ihren vielen Plastiken anbauen. Wilhelms Eltern, der 99-Tage-Kaiser Friedrich III. (1831–1888) und die aus Großbritannien stammende Victoria (1840–1901), hatten das Schloss als Sommersitz genutzt. In ihrer Zeit wurden Sanitäranlagen nach britischem Vorbild eingebaut: Toiletten mit Wasserspülung, moderne Bäder, fließendes Wasser.

> »Es ist sehr schwierig, englischen Lesern zu vermitteln, unter welch mittelalterlichen Bedingungen Personen unseres Standes in Preußen lebten.«
> Prinzessin Marie Luise von Schleswig-Holstein 1883 über einen Besuch in Potsdam

Mit wem pflegte Friedrich zu tafeln?

Die Tafelrunde in Sanssouci war keineswegs eine ständige Einrichtung und schon gar nicht immer philosophisch. Der Kreis um den König beim Mittagsmahl änderte sich in seiner Zusammensetzung immer wieder. War Friedrich gut gelaunt, konnte das Mittagessen stundenlang dauern.

Gegessen wurde im Vorzimmer zu Friedrichs Arbeits- und Schlafgemach, bei offiziellen Anlässen im Marmorsaal. Manchmal saß die Familie zusammen, vor allem Friedrichs Brüder. Dann wurden mehr oder weniger geheime Staatsangelegenheiten besprochen. Es gab auch Tafelrunden mit den wichtigsten Militärs, und das nicht nur in Kriegszeiten. Auch Staatsgäste und Diplomaten waren beim König zu Gast. Zumeist saßen nur Männer zu Tisch. Aber Friedrichs Lieblingsschwester Wilhelmine wurde selbstverständlich dazugebeten, wenn sie aus Bayreuth nach Preußen kam. Sie durfte dann auch in Sanssouci wohnen. Sieben bis zehn Gäste saßen üblicherweise an der Tafel, die der König jeweils ausgesucht hatte.

Ungewöhnlich waren nur die philosophischen Tafelrunden, derentwegen Friedrichs Tischgesellschaften auch heute noch interessieren. Der bedeutendste Gast war natürlich Voltaire. Er hat es, bissig wie immer, wie folgt beschrieben: »Wäre jemand plötzlich eingetreten, hätte dieses Bild gesehen und uns zugehört, er hätte geglaubt, die sieben Weisen Griechenlands unterhielten sich im Bordell.« Denn an der Wand habe ein Gemälde mit einer idealen Landschaft von Pesne gehangen. »Junge Männer, Frauen umarmend, Nymphen unter Satyrn, Amouretten im Spiel der Enkolpe und Gitone, schnäbelnde Turteltauben, Böcke und Widder, Ziegen und Schafe bespringend.«

Von Voltaire wissen wir auch, dass die philosophischen Tafelrunden Stunden dauern konnten, wenn es dem König beliebte – manchmal bis zur völligen Erschöpfung der Gäste. Dabei machte sich Friedrich mitunter selbst über seine Tafelrunde lustig, etwa in einem Brief von 1752 an seinen später in Ungnade gefallenen Bruder August Wilhelm, den Prinzen von Preußen: »Ich wüsste Dir nichts Neues von hier zu melden, außer dass der Dichter (Voltaire) ein Wörterbuch der Verdammten schreibt, dass der Jude (d'Argens) schläft und an einem schlechten Buche arbeitet, dass der Italiener (Algarotti) sich vollfrisst und jedermann bekrittelt, und dass Dein Diener sich auf ihrer aller Kosten belustigt.«

Mit wem pflegte Friedrich zu tafeln?

Damit sind schon einige Namen aus der Tafelrunde genannt. Jean Baptiste d'Argens war 1741 als Kammerherr der Herzogin von Württemberg nach Berlin gekommen und genoss schon bald das Vertrauen des Königs, der sich dem Franzosen wie vielleicht keinem anderen gegenüber in Gesprächen und Briefen anzuvertrauen begann. Dabei galt d'Argens als faul. Seine un-

König Friedrichs II. Tafelrunde in Sanssouci, von Adolph Menzel, 1850

gepflegten Manieren bei Tisch waren sprichwörtlich – wie übrigens auch die des Königs. Francesco Algarotti (1712–1764) stammte aus Venedig. Er war Schriftsteller und hatte Mathematik und Philosophie studiert. Seine Interessen waren umfassend, seine Bildung unerschöpflich. Algarotti war auf Vermittlung Voltaires an den preußischen Hof gekommen, war Vorleser und Kammerherr beim König und kaufte in seiner italienischen Heimat für den König Gemälde und Plastiken. Nach seinem Tod ließ Friedrich ihm in Pisa ein aufwendiges Grabmal errichten.

An der Tafel des Königs war schließlich auch der Spötter Julien Offray de La Mettrie (1709–1751) zu finden, dem nichts heilig schien und dessen berühmtestes Buch *Der Mensch als Maschine* 1748 erschienen war. Friedrich ließ La Mettrie in die Akademie wählen und verschaffte ihm eine Pension. Er diente Friedrich als Vorleser, aber auch als Leibarzt. In seiner Berliner Zeit schrieb er eine Art Fortsetzung seines Bestsellers, der *Der Mensch als Pflanze* hieß. Bemerkenswert war sein Tod: 1751 erstickte La Mettrie bei einem Wettessen in Berlin im Hause des französischen Gesandten an Trüffelpastete. Friedrich trauerte offenbar ehrlich um den glänzenden Unterhalter und verfasste für ihn eine Gedenkrede.

Hin und wieder an Friedrichs Tafel zu finden war auch der Akademiepräsident Maupertuis. Als korrekt, aber trocken und geizig wurde er beschrieben. Als Mathematiker und Astronom hatte er die Abplattungen der Pole bewiesen. Friedrich machte sich bei Hofe zwar oft über Maupertuis lustig, gegen die Angriffe Voltaires aber verteidigte er ihn – was das Ende der persönlichen Beziehung Voltaires zum König einleitete. Allerdings war Maupertuis in seiner humorlosen Art über diese Affäre derart beleidigt, dass er sein Amt aufgab.

Friedrich Rudolf Graf von Rothenburg (1710–1751), der sowohl Militär als auch Schöngeist war, stand beim König hoch im Kurs und wurde deshalb oft zu Tisch gebeten. Dafür war er in seiner gewöhnlichen Umgebung umso weniger gelitten. Er starb in den Armen des Königs. George Keith, der Lordmarschall von Schottland und Bruder des 1758 gefallenen Feldmarschalls James Keith, wurde vom König wegen seiner umfassenden Bildung derart geschätzt, dass er ihm in der Achse seines Sommerschlosses Sanssouci ein kleines Palais errichten ließ, um ihn schnell rufen zu können. Ludwig von Poellnitz (1692–1775) war in diesem Kreis eher eine Nebenfigur. Er galt als Frauenheld, verdiente sein Geld als Skandalschriftsteller, war schon am Hof Friedrich Wilhelms I. gelitten, galt aber als geschwätzig und intrigant. Eine Nebenfigur war auch Michael Gabriel Fredersdorf, den Voltaire das »Grand

Friedrichs Mittagsrunden konnten stundenlang dauern.

factotum« des Königs nannte. Fredersdorf war einer der Langen Kerls gewesen, kam dann nach Küstrin, wo er Friedrich kennenlernte und von da an nicht mehr von seiner Seite wich. Über diese sehr enge Beziehung ist stets viel spekuliert worden.

Knobelsdorff, der Baumeister, oder Bielfeld, der Schriftsteller, die Friedrich noch in Rheinsberg so wichtig waren, gehörten in Potsdam schon nicht mehr zum engeren Kreis des Königs.

Was genau an des Königs Tafel gesprochen wurde, wissen wir nicht, ebenso wenig, wie die Tafelrunde ausgesehen hat. Das berühmte, heute verschollene Gemälde von Adolph Menzel mit Friedrich und Voltaire im Mittelpunkt war ja auch nur ein Fantasieprodukt. Für die Gäste Friedrichs war es vermutlich nicht immer angenehm, dem König stundenlang gegenübersitzen zu müssen. Sie waren seiner Spottlust ausgesetzt und sie mussten zusehen, wie schlecht er sich mitunter bei Tisch benahm, etwa wenn er an der Tafel sitzend seine Hunde fütterte. Jedenfalls scheint es dabei sehr frei zugegangen zu sein. So bösartig der König sein konnte, bezog er doch aus diesen Runden viele Anregungen. An des Königs Tafel diskutierte man auf einem Niveau, das nicht einmal an der Berliner Akademie erreicht wurde – und das alles auf Französisch. Auch das machte Friedrich II. so einzigartig.

»Es war sicher der Wunsch nach Unterhaltung und Zerstreuung, der den König veranlasste, Leute mit Weltläufigkeit und Bildungshintergrund in seiner Nähe zu haben. Aber darüber hinaus trat auch auf dieser Ebene einmal mehr das Bestreben zutage, an jenem umfassenden Diskurs, der landläufig als Aufklärung bezeichnet wird, ... durch tägliche Gespräche und gemeinsame Lektüre zu partizipieren.« Johannes Kunisch in *Friedrich der Große. Der König und seine Zeit*, 2004

40 Wie preußisch war Friedrichs Alltag?

Des Königs Tagesablauf war genauso streng geregelt wie der Ablauf seines Jahres – und insofern tatsächlich sehr preußisch. Friedrich erhob sich zwischen fünf und sechs Uhr. Er ging auch früh zu Bett. Am liebsten hielt er sich in Sanssouci auf. Nur die Kriege unterbrachen den gewohnten Alltag.

In Franz Kuglers Friedrich-Biografie heißt es über die Zeit nach dem Siebenjährigen Krieg: »Die Stunden des Tages waren fortan mit derselben Pünktlichkeit zwischen den Pflichten des höchsten Berufes und zwischen der Muße des Weisen geteilt; das Jahr verfloss nach denselben Abschnitten, indem er teils von seinem stillen Landhause aus den allgemeinen Gang der Dinge lenkte, teils an Ort und Stelle alles Einzelne mit scharfem Blick prüfte.«

Schon Friedrichs Vater hatte alles Hofzeremoniell abgeschafft, und so hielt es auch der Sohn. Friedrich kleidete sich selbst an. Er arbeitete schon am Schreibtisch, während der Haarzopf zurechtgemacht wurde. Er frisierte sich vor dem Spiegel und setzte seinen Hut auf – den er dann nicht mehr abnahm, es sei denn bei Tisch und in der Gegenwart hochgestellter Personen. Das Frühstück war eine Nebensache, ebenso die Morgentoilette. Es folgte die Audienz im Vorzimmer mit Rapporten der »Beamten«, Flötenspiel, Besuch der Bildergalerie oder Ausritt und Punkt 12 Uhr die Tafel, die zumeist bis 14 Uhr dauerte. Um 17 Uhr kam der Vorleser, der mehr ein Gesprächspartner des Monarchen war. Ein Dutzend Vorleser haben bei Friedrich in seiner langen Regierungszeit Dienst getan. Karl Dantal (1759–1799) war der letzte unter ihnen und wohl der einzige, der als solcher tatsächlich benötigt wurde, weil die Augen des Königs zu müde geworden waren. Um 18 Uhr begannen dann die Abendkonzerte oder das Theater. Manchmal hatte der König auch noch eine kleine Gesellschaft bei sich oder blieb allein

Zeitgenössischer Holzschnitt: Friedrich kommandiert seine Truppen.

Friedrich II. beim Herbstmanöver im September 1784, von Edward Francis Cunningham

mit seinen Studien. Als er wegen ausgefallener Zähne nicht mehr auf der Flöte spielen konnte, hatte er auch keine Lust mehr auf Konzerte.

Der gewohnte Tagesablauf wurde allerdings häufig unterbrochen, wenn der König nicht in Berlin oder Potsdam war. Weihnachten und Jahresende verbrachte er in Berlin, gab Bälle und Gesellschaften oder begab sich auf solche, die von anderen gegeben wurden. Kaum war sein Geburtstag, der 24. Januar, gefeiert, zog es ihn wieder nach Potsdam – allerdings zunächst einmal in das Stadtschloss. Seinen Sommersitz Sanssouci bezog er, wenn es das Wetter zuließ, im März oder April. Im Frühjahr begannen die Reisen durch das Land und die Truppenmusterungen: im Mai erst in Berlin, dann in Potsdam, später in Magdeburg, Küstrin, Stargard und schließlich in Ostpreußen. Im Juli gab es dann so etwas wie Urlaub, eine Brunnenkur mit Brunnengästen, aber zumeist in Sanssouci. Im August hielt sich der König in Schlesien auf, Anfang September kehrte er nach Sanssouci zurück. Dann begannen schon bald in Potsdam die Herbstmanöver.

Etwa ein Dutzend Jahre seiner langen Herrschaft verbrachte Friedrich jedoch unter ganz anderen Bedingungen – im Krieg. Die Behauptung, der militärische Alltag habe den König derart geprägt, dass er nur noch auf einem Feldbett geschlafen habe, gehört allerdings in die Welt der Sagen. Er hatte ein barockes Bett, auch in Sanssouci. Das allerdings ließ sein Nachfolger sogleich nach dem Tod Friedrichs entfernen. So wurde dann später bei Führungen durch das Schloss behauptet, hier habe das Feldbett des Königs gestanden.

»Es ist bekannt, dass dieser große König, wenn er gesund war, außergewöhnlich früh aufstand, oft im Sommer gleich nach drei Uhr. Er wachte immer selbst gegen diese Zeit auf.«
Baron von Diebitsch über Friedrich II.

41 Welches Rätsel gibt Friedrich den Historikern noch heute auf?

Was hat es mit der Inschrift über Schloss Sanssouci auf sich? Die lautet genau: »Sans, souci.« Also mit Komma und Punkt. Wohl jedem Besucher fällt das ins Auge, wenn er die Weinbergterrassen emporsteigt. Mit Sicherheit ist die Inschrift nicht zufällig, aber was steckt dahinter?

Darauf gibt es keine verlässliche Antwort, dafür aber stellen sich eine Reihe weiterer Fragen. Eigentlich müsste es zwischen den Karyatiden von Glume *Sanssouci* heißen oder *Sans Souci* oder *Sans-Souci*, ohne Sorge. Wenn die Inschrift kein Zufall ist, ist sie eine Botschaft, die sich nicht sogleich erschließt. Ist es also eine Geheimbotschaft? Eine Botschaft, die womöglich nur der König selbst und wenige Eingeweihte verstanden haben? Ist es eine Geheimschrift? Mit Geheimschriften kannte sich Friedrich aus. Hat es etwas mit den Freimaurern zu tun? Den Freimaurern stand der König nahe. Das Komma gehört aber nicht unbedingt zu den Zeichen der Freimaurer.

Seit zwei Jahrhunderten wird über die Inschrift nachgedacht, und drei Jahrhunderte nach Gründung des Staates Preußen legte der Historiker Heinz Dieter Kittsteiner (1942–2008) ein Buch über seine »Kommaforschung« vor. Es ist dies der wohl originellste, in jedem Fall aber amüsanteste Beitrag zur Friedrich-Forschung, der je verfasst wurde und an dem auch Friedrich seine

Friedrich wurde in seiner Kronprinzenzeit Freimaurer.

Die Inschrift »Sans, Souci.« mit Komma und Punkt am gleichnamigen Schloss

Freude gehabt hätte. Auch Kittsteiner kam bei seinen ausführlichen Überlegungen zu keinem endgültigen Ergebnis. Wie auch? Es gibt dazu keine Archivalien. Aber der Autor stellte zwei Thesen gleichberechtigt nebeneinander, die beide mit biografischen Erfahrungen des Königs zu tun haben, von denen schon an anderer Stelle die Rede war. Die eine These besagt, Komma und Punkt stünden als verschlüsselte Botschaft für religiöse Fragen. Genauer: Das Komma steht für Calvinismus, der Punkt für Deismus oder Naturalismus. Dann würde die Inschrift ungefähr bedeuten: Ohne strenge protestantische Religion ist man ein sorgenfreier Geist. Die Inschrift wäre demnach eine Auseinandersetzung Friedrichs mit seinem Vater. Kittsteiner meint sogar, Friedrich könnte mit der Inschrift noch einmal den Streit zwischen Vater und Sohn über die Prädestinationslehre aufgegriffen haben, die seinerzeit – Friedrich war noch in Küstrin – zwischen beiden geführt worden war. Ist der Mensch vorherbestimmt oder kann er selbst an seinem Heil mitwirken? Friedrich glaubte an die Prädestination und hatte dafür auch einen besonderen Beweis empfangen: die Gnadenlosigkeit, mit der sein Vater Katte hatte hinrichten lassen.

Die zweite Erklärung Kittsteiners besagt: Wenn das Komma wörtlich als Virgel, Stäbchen oder Schwänzchen verstanden würde, könnte es sich auf die angeblich verlorene Potenz Friedrichs beziehen. Ohne Stäbchen, Sorgen – das wäre die direkte Übersetzung. Kittsteiner setzte aber hinzu, wenn man den Namen des Schlosses als Zusammenhang verstehe, könnte es auch heißen: sorgenfrei ohne Stäbchen. Und das wiederum könnte heißen: Man ist sorgenfrei ohne Ehe. Oder gar: Man ist sorgenfrei ohne Frauen. Bei dieser Deutung allerdings – auch das erwähnt Kittsteiner – bliebe der Punkt ohne Bedeutung. Wie auch immer: Friedrich hat der Nachwelt an seinem Sommerschloss Sanssouci ein hübsches Rätsel aufgegeben. Weitere Deutungen sind willkommen.

»Über dieses Komma im Namen des Schlosses ist viel gerätselt worden. Ob es nun, wie manche meinen, ein im 18. Jahrhundert üblicher Bindestrich oder eines der damals beliebten Wortspiele, zum Beispiel zwischen Friedrich und Voltaire, bedeutet, sei dahingestellt; Zufall wird es nicht sein.«
Klaus Duntze, Pfarrer i.R., in der *Berlinischen Monatsschrift*

42 War Friedrich der Große ein zynischer Mensch?

Wohl ja. Thomas Mann sprach von einem »Menschenverachter«. Sein Bruder Heinrich nannte den alten Friedrich »veraltet und vereinsamt«. Andere nannten den König, der seit dem Siebenjährigen Krieg in der Öffentlichkeit wenig zu sehen war, einen »vereinsamten Misanthropen«.

Porträt Madame de Pompadour, 1758, von François Boucher

Friedrich selbst schrieb schon 1752: »Vereinsamt unter den Lebenden und allein bekannt im Verkehr mit den Toten.« Es passte so gut: Ein alter Mann, der ausschließlich in einer Männergesellschaft lebte, verachtete die Menschen, liebte dafür aber seine Hunde, die ihn überallhin begleiteten, auch in die Gemäldegalerie und ins Bett. Ein Feldherr, der in Sanssouci saß und nichts mehr zu tun, eigentlich schon sich selbst überlebt hatte, der seine Aggressionen deshalb an anderen ausließ – mit einem scharfen Wort oder auch gleich mit dem Stock. Friedrich dachte sicher nicht gut über den Menschen. Er hielt ihn für die »bösartigste Bestie«.

Dieser Zynismus war sozusagen ein Nebenprodukt seiner außerordentlichen Intelligenz. Denn er suchte nach Nahrung für den Geist und fand sie selten genug. Deswegen der rege Briefwechsel mit einer so unzuverlässigen Figur wie Voltaire. Deswegen die Tafelrunde, die Besuche, die er empfing, die Vorleser. Deswegen Philosophie, Dichtkunst, Musik. Solche überragenden Geister neigen zum boshaften Urteil. Das Boshafte unterhält sie und geht deshalb oft genug auch ins Witzige über – wovon wir noch heute etwas haben. So ficht ein Genie wie Friedrich der Große mit seinem Zynismus gegen Leute, denen dadurch immerhin die Ehre zuteil geworden ist, von ihm wahrgenommen, womöglich sogar geschätzt zu werden.

Friedrich, dessen Verhältnis zu Frauen ohnehin schwierig war, bekam es in seiner Zeit mit drei großen Herrscherinnen zu tun: Maria Theresia, Zarin Elisabeth und der Marquise de Pompadour. Er bezeichnete sie in unmäßigem Ton als »die drei Erzhuren Europas«. 1752 schrieb er: »Sich einbilden, alle zweibeinigen Wesen ohne Federn seien Ehrenmänner, heißt sich wie ein Dummkopf täuschen.« An Voltaire schrieb er 1766: »Was mich anlangt, der ich diese zweibeinige ungefiederte Spezies zufolge der Pflichten meines Standes sehr gut kenne, sage Ihnen voraus, dass weder Sie noch alle Philosophen der Welt das Menschengeschlecht vom Aberglauben … befreien werden.«

Auch über seine eigene Familie hat er sich geringschätzig geäußert, etwa in den *Denkwürdigkeiten zur Geschichte des Hauses Brandenburg* über sei-

War Friedrich der Große ein zynischer Mensch?

nen Großvater Friedrich I.: »Alles in allem: er war groß im Kleinen und klein im Großen.«

Eine geistvolle Antwort jedoch, auch wenn die Pointe auf seine Kosten ging, schätzte er über alles. Einmal forderte er einen seiner Obristen auf zu sagen, was er wohl beim Plündern des brühlschen Palais in Dresden während des Siebenjährigen Kriegs an Geld verdient habe. Der Mann entgegnete: »Das müssen Eure Majestät doch am besten wissen, wir haben geteilt.« Das war frech, aber es gefiel dem König. Wahrscheinlich gehörte Friedrich zu den Menschen, die auch über sich selbst lachen können.

Bei allen bösartigen Bemerkungen des Königs darf nicht vergessen werden, dass Friedrich seit dem Siebenjährigen Krieg oft große Schmerzen litt und dann auch unleidlich werden konnte, was seine Menschenliebe auch nicht beförderte. Immerhin pflegte er sich dann zurückzuziehen. Einen seiner Gäste empfing er einmal mit den Worten: »Ich habe einige Tage nicht das Vergnügen gehabt, Sie zu sehen. Inzwischen musste ich einen Abstecher in das Land der Gichtbrüchigen machen.«

> »Gott gebe, dass unser Abt sich nur über uns lustig macht.«
> Voltaire über Friedrich II.

Friedrich mit seinen Windspielen in der Bibliothek in Sanssouci

Was trug Friedrich in einer goldenen Dose immer bei sich?

18 Opiumpillen. Das war eine Menge, »die völlig hinreicht, um einem zu jenem düsteren Gestade zu befördern, von wo man nicht mehr zurückkehrt«. Friedrich dachte häufiger an Freitod und sagte einmal: »Den Untergang meines Vaterlandes werde ich nicht überleben.«

Dieser Satz fiel nach der verlorenen Schlacht von Kunersdorf, als er alles für verloren hielt. Mit Mühe hatte er sich selbst aus dem Kampfgetümmel retten können. Die Russen hatten freie Bahn nach Berlin. Doch sie nutzten ihre Chance nicht, denn sie waren, so die Worte eines preußischen Generals, »tot, verwundet oder besoffen«. Es war Friedrichs Vorleser de Catt, der die Geschichte mit den Pillen überliefert hat. Nach Kunersdorf war Friedrich dem Freitod so nah wie nie wieder. Gegen den Selbstmord sprach allerdings die Pflichterfüllung. Friedrich konnte zudem seinen Todessehnsüchten noch auf eine ganz andere Art begegnen: als Dichter. »Solange diese Ablenkung dauert, fühle ich mein Unglück nicht«, schrieb er.

Friedrich wurde schließlich 74 Jahre alt. Und er ist gestorben ohne seine Pillen – unter schlimmen Leiden und in den Armen eines Kammerdieners. Friedrich, auch in dieser Hinsicht ganz der aufgeklärte Monarch, hatte keine Angst vor dem Tod. In seinem Testament hieß es: »Ich gebe gern und ohne Bedauern diesen Lebenshauch, der mich beseelt, der wohltätigen Natur, die mir ihn geliehen hat, meinen Körper aber den Elementen, aus welchen er zusammengesetzt ist, zurück. Ich habe als Philosoph gelebt und will auch als solcher begraben werden, ohne Prunk, ohne Pracht, ohne Pomp.« In seinen letzten Monaten quälten den König Gicht und Wassersucht, die Erbkrankheiten der Hohenzollern. Er litt außerdem an Atemnot, Koliken, Durchfällen, Erbrechen und Hämorrhoiden. Die Hustenanfälle war er gewohnt, sie hatten ihn fast sein gesamtes Leben lang begleitet.

Es ging ihm schon nicht gut, als er im August 1785 wie jedes Jahr seine Truppen in Schlesien musterte. Es regnete. Der König zog sich eine Erkältung zu, die er den ganzen Winter über nicht überwand. Im Januar starb der alte Zieten, und Friedrich kommentierte das in gewohnter Weise: »Unser alter Zieten hat auch bei seinem Tode noch sich als General gezeigt. Im Kriege kommandierte er immer die Avantgarde, auch mit dem Tode hat er den Anfang gemacht. Ich führe die Hauptarmee, ich werde ihm folgen.« Im April 1786 befahl er plötzlich, nach Sanssouci aufzubrechen. Seine Beine

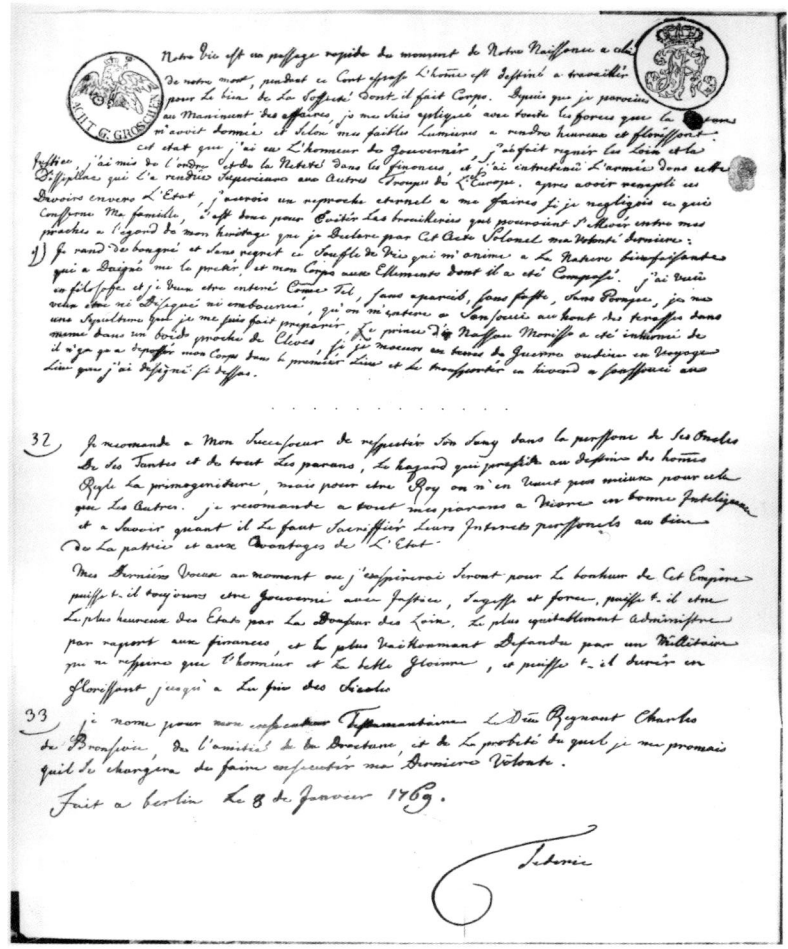

Des Königs Testament vom 8. Januar 1769

waren bereits sehr geschwollen. Der König konnte nicht mehr liegen. Er saß im Lehnstuhl, vornübergebeugt, und machte sich über seinen Zustand keine Illusionen. »Ich bin ein abgelebter Alter, die Maschine will nicht mehr aushalten, der Teufel wird mich bald holen.« Im Juni 1786 erholte er sich noch einmal, und wann immer es ihm besser ging, sehnte er sich nach klugen Gesprächen wie früher in der Tafelrunde.

Vor allem die Wassersucht muss qualvoll für alle gewesen sein. Anton Friedrich Büsching hat das wie folgt beschrieben: »Und ob gleich das von selbst aus Seinem linken Fuß laufende Wasser einen Geruch hatte, den die Personen, die um Ihn waren, kaum ertragen konnten: so war Er doch mit seinem Zustand zufrieden.« Graf Mirabeau reiste damals durch Preußen. Er schrieb über seinen letzten Besuch beim König: »Es ist unmöglich, sich einen frischeren Kopf, eine liebenswürdigere Haltung zu denken, aber ich bin ihrer nicht froh geworden. Die ungemeine Mühe, die ihm das Atmen machte, hat mich mehr beengt als ihn. Es ist ein sehr rührendes Schauspiel, einen großen Mann im Zustand des Leidens zu sehen. Nichts hat mich so ergriffen.«

Ein französischer Generalmajor durfte damals ebenfalls den König beobachten, vom Kastellan des Schlosses Sanssouci hinter einem Busch versteckt. Er schilderte, wie der König im Stuhl auf die Terrasse von Sanssouci getragen wurde. »Seine Hustenanfälle drangen mir bis an mein Herz. Er trug einen karmoisinroten Schlafrock, einen alten Federhut auf dem Kopfe, ein Bein war aufgebrochen und mit weißem Leinen umwickelt, das andere – kaum glaubhaft – gestiefelt. Nach fünf Minuten ließ er sich wieder hineintragen.« Die Szene ist nach diesem Bericht sowohl von Chodowiecki als auch von Menzel gezeichnet worden, so sehr hat sie die Zeitgenossen berührt.

Schließlich wurde Johann Georg Zimmermann aus Hannover geholt, ein Mediziner von europäischem Rang, der den König auch schon zuvor behandelt hatte. Der Arzt stellte entsetzt fest, dass Friedrich nur Beistand von

> **Preußischblau**
> heißt auch Berliner oder Pariser Blau, Stahlblau oder Tintenblau und ist die Erfindung eines Berliner Farbenmachers, der in einigen Quellen Johann Jakob Diesbach genannt wird. Angeblich soll die Entdeckung ein Zufall gewesen sein. Der Mann stellte einen roten Farbstoff her. Einmal soll ihm während der Produktion Pottasche (Kaliumcarbonat) ausgegangen sein, worauf er sich von einem Kollegen eine ähnlich wirkende Lauge ausborgte, die allerdings mit »Dippels Öl« verunreinigt war. Zur Überraschung Diesbachs kam es zur Blaufärbung. In Paris eröffnete Diesbach später eine Fabrik, um dort das Pigment herzustellen. Der Name Preußischblau geht auf die Farbe der preußischen Uniformen zurück. Erst mit der Einführung stehender Heere und der Textilmanufakturen wurde die Uniformierung bei allen Armeen Europas üblich. Der Begriff »Uniform« geht auf die Zeit Friedrichs II. zurück. Die Farbe Preußischblau – »blau wie ein Gewitterhimmel« – wurde 1703 erfunden. Die meisten Uniformen in Preußen wurden im 1713 auf Weisung Friedrich Wilhelms I. errichteten Königlichen Lagerhaus hergestellt.

seinen Kammerhusaren hatte und sich im Grunde genommen selbst kurierte. Friedrich hörte nicht auf die Ratschläge Zimmermanns, denn er hätte mindestens seine Ernährung umstellen müssen. Schließlich schickte der König den Arzt mit freundlichen Worten fort. Zimmermann berichtete darüber: »Nun nahm er den Hut mit unbeschreiblicher Würde und Freundlichkeit ab, neigte sein Haupt und sprach: ›Adieu, mein guter, mein lieber Herr Zimmermann. Vergessen Sie den guten alten Mann nicht, den sie hier gesehen haben.«

Zimmermann schrieb seine Erinnerungen als *Meine Unterredungen mit Ihm kurz vor seinem Tode* auf und ließ später noch drei Bände *Fragmente über Friedrich den Großen* folgen. Er gilt allerdings als eine etwas zu geschwätzige Quelle.

Am 14. August gab der König letztmalig Kabinettsorder aus. Am 16. konnte er sich nicht mehr verständlich machen und war kaum noch bei Bewusstsein. Er durchlebte Fantasien, fragte dann auf einmal nach der Uhrzeit und verlangte, morgens um vier Uhr geweckt zu werden. Um 2.20 Uhr starb er. Seine letzte Frage galt seinem Hund, den er auf seinem gewohnten Platz vermisste. Ein Arzt und zwei Kammerhusaren, sozusagen seine Leibwächter, waren dabei, als er starb. Die Totenmaske nahm Johannes Eckstein (1736–1817) ab.

Mirabeau schilderte auch, wie das Land auf den Tod des großen Königs reagierte – genau so wie seinerzeit beim ungeliebten Vater: »Alles ist düster, niemand ist traurig, alles ist geschäftig, niemand ist betrübt. Kein Gesicht, das nicht Aufatmen und Hoffnung verrät, kein Bedauern, kein Seufzer, kein Wort des Lobes.«

Friedrich auf dem Totenbett, Skizze von Lovis Corinth, 1921

44 Mit wem wollte Friedrich begraben werden?

Mit seinen Hunden. »Man bestatte mich in Sans-Souci oben auf der Terrasse in einem Grab das ich mir habe herrichten lassen.« So hieß es in seinem Testament. Das »Grab« ist eine Gruft. Sie liegt rechts vom Schloss, von den Terrassen aus gesehen. Zu sehen ist nur die Grabplatte.

Denkmal Friedrichs II. auf dem ehemaligen Exerzierplatz hinter der Potsdamer Garnisonkirche

Äußerlich erkennbar sind auf einem Rasenstück mehrere Sandsteintafeln und eine Skulptur der Göttin Flora. Diese Stelle war seit Baubeginn in Sanssouci genutzt worden, um des Königs Windspiele beizusetzen. Elf waren es, als der König starb, und alle haben sie ihren Stein bekommen. Für den Stein auf dem Grab der Hündin Alcmene etwa bezahlte der König elf Taler und zwölf Groschen. Ein Gemälde des Hofmalers Johann Christoph Frisch (1738–1815) zeigt Friedrich mit dem Marquis d'Argens, wie sie die Baustelle der Gruft besichtigen. Das Bild entstand erst 1802, wird aber gern herangezogen von jenen, die in den Bestattungswünschen des Königs einen höheren Sinn sehen wollen – interpretiert vielfach im freimaurerischen Geist, aber auch als Teil der barocken Garteninszenierung von Sanssouci, zumal die Büsten von sechs römischen Kaisern die Rasenfläche umstehen. Friedrich hatte sie 1742 erworben, lange also bevor an das Schloss auf dem Weinberg überhaupt zu denken war. Sollte die Flora als Krönung der Begräbnisstätte gedacht gewesen sein – warum zeigt die Göttin dem großen König dann aber ihr Hinterteil? Auch wurde von Friedrich Nicolai kolportiert, Friedrich habe den Namen Sanssouci zuerst auf seinen Begräbnisplatz bezogen, von wo er dann auf das Schloss überging.

Viermal hat Friedrich der Große zwischen 1752 und 1769 festgelegt, wie und wo er beigesetzt werden wollte. Unmittelbar vor seinem 57. Geburtstag, am 8. Januar 1769, bestellte der König in einem *33-Punkte-Testament* sein Haus. Darin bestimmte er abermals, was er schon früher festgelegt hatte: Er wollte in der Gruft von Sanssouci beigesetzt werden.

Was die Liebe Friedrichs zu seinen Hunden angeht, so haben Sibylle Prinzessin von Preußen und ihr Mann Fried-

Der König mit dem Marquis d'Argens an der Gruft in Sanssouci, von Johann Christoph Frisch, 1802

rich Wilhelm Prinz von Preußen in ihrem Buch *Die Liebe des Königs* eine besondere Quelle vorgelegt. Sie beschreiben darin, dass beim Tod eines der Hunde für diesen ein Sarg in der Bibliothek des Königs aufgestellt wurde, bevor man ihn in der Gruft auf der Terrasse beisetzte. Die Liebe zu Hunden teilte der König mit Friedrich Graf von Rothenburg. Von diesem bekam Friedrich auch die Windspielhündin Biche geschenkt, die wohl der berühmteste friderizianische Hund wurde. Biches Tod beschrieb der König in einem Brief an Schwester Wilhelmine: »Ich habe einen häuslichen Kummer, der meine Philosophie ganz über den Haufen geworfen hat. Ich gestehe Dir meine ganz Schwäche. Ich habe Biche verloren; ihr Tod hat mir wieder die Erinnerung an den Verlust aller meine Freunde wachgerufen, besonders dessen, der sie mir geschenkt hatte. Ich war beschämt, dass der Tod eines Hundes mir so nahe geht, aber das häusliche Leben, das ich führe, und die Treue des armen Tieres hatten es mir so ans Herz wachsen lassen.«

Büsching erzählte: »Ein Bedienter, der aus Unvorsichtigkeit einem Hund auf den Fuß trat, konnte dem Zorn des Königs nicht wohl entgehen.« Die Bediensteten mussten die Hunde mit »Sie« und auf Französisch anreden.

»Diese Gruft, von deren Existenz so wenige Personen wussten, war wahrscheinlich die einzige Veranlassung, diesem Orte die Benennung Sanssouci zu geben. Der König gab diese Benennung dem Hause noch nicht, als es gebauet ward. Er nannte es sein Lusthaus, sein Weinbergslusthaus.«
Friedrich Nicolai in *Anekdoten von König Friedrich II. von Preußen*, 1789

45 Weshalb fand Friedrich erst zwei Jahrhunderte nach seinem Tod seine letzte Ruhe?

Friedrich wurde nach seinem Tod nicht an der von ihm gewünschten Stelle beigesetzt. Sein Nachfolger Friedrich Wilhelm II. veranlasste all den Pomp, den Friedrich hatte vermeiden wollen. 1945 erlebte Friedrichs Sarg eine wahre Odyssee. Erst 1991 wurde der König in Sanssouci bestattet.

Gedenktafel in der Marburger Elisabethkirche

Noch an Friedrichs Todestag ließ sich Friedrich Wilhelm II. die Gruft zeigen. »Der Unrat und die Särge mit den Kadavern der Hunde, welche Friedrich hier hatte beisetzen lassen, überzeugten ihn aber, dass man den König hier unmöglich zwischen den Hunden beerdigen könne«, berichtete einer der Biografen Friedrich Wilhelms II. Entschieden werden musste aber rasch, denn die Augusthitze war groß. So entschloss sich Friedrichs Nachfolger, seinen Onkel neben dessen Vater in der Gruft hinter dem Altar der Potsdamer Garnisonkirche beisetzen zu lassen – zumal dort der ursprünglich geplante Begräbnisplatz von Königin Sophie Dorothea freigeblieben war, da diese im Dom zu Berlin beigesetzt wurde. 42 Stunden nach seinem Tod war Friedrich bereits bestattet. Auf die stille Beisetzung folgte am 9. September 1786 eine große Trauerfeier. Sie war ähnlich prunkvoll wie die für Friedrich Wilhelm I. und kostete 38 873 Taler und zehn Groschen.

Friedrich sei auf diese Weise nach seinem Tode zurückversetzt worden »in eine Welt, die die alte Ordnung zu bewahren suchte«, meinte Johannes Kunisch. Friedrichs Sarkophag stand länger als anderthalb Jahrhunderte neben dem des Vaters. Als der Zweite Weltkrieg auch Potsdam zu erreichen drohte, wurden die Königssärge zunächst in einen unterirdischen Bunker in Eiche bei Potsdam gebracht.

Erst als die Rote Armee kurz vor Berlin stand, wurden die Königssärge in ein Kalibergwerk in Bernterode im Eichsfeld gebracht, westlich von Nordhausen gelegen. Die Amerikaner entdeckten das Versteck, und da sie deutsche Kulturgüter auf dem Landgrafenschloss im hessischen Marburg sammelten, kamen auch die Särge dorthin. Bis 1952 standen sie dann in der Marburger Elisabethkirche, wo eine Tafel im Boden noch heute daran erinnert. Auf Bitten des Hauses Hohenzollern gelangten die Königssärge schließlich nach Hechingen in die Kapelle der Burg Hohenzollern.

Erst nachdem die DDR, deren Führung 1969 den Turm der im Krieg zerstörten Potsdamer Garnisonkirche hatte sprengen lassen, endlich Geschichte war, wurde am 17. August 1991 der letzte Wille des Königs doch noch erfüllt. Sein Sarg kehrte wieder nach Potsdam zurück, um dort in der bereits zu seinen Lebzeiten vollendeten Gruft seinen Platz zu finden. Friedrich hatte in seinem Testament verfügt, bei Nacht mit kleinem Gefolge und beim Schein einer Laterne beigesetzt zu werden. Die Bestattung 1991 glich aber einem Staatsbegräbnis und wurde seinerzeit in der Bundesrepublik heftig diskutiert.

Der Sarg Friedrich Wilhelms I. gelangte bei dieser Gelegenheit in das Mausoleum der Friedenskirche im Park von Sanssouci, wo auch König Friedrich Wilhelm IV. und Kaiser Friedrich III. ihre letzte Ruhe gefunden haben. In Potsdam gibt es Bestrebungen, die Garnisonkirche oder wenigstens ihren fast 90 Meter hohen Turm wieder aufzubauen. In den 1980er-Jahren hat eine »Traditionsgemeinschaft Potsdamer Glockenspiel« das Glockenspiel der Garnisonkirche neu gießen lassen. 1991 wurde es mit 40 Glocken in Potsdam aufgestellt und lässt seitdem wie früher zu jeder halben Stunde »Lobe den Herrn« und »Üb immer Treu und Redlichkeit« erklingen.

> »Weniger kann und darf ich nicht tun, als mein seliger Onkel an Friedrich Wilhelm I. getan hat; aber ein Mehreres zu tun, das steht in meiner Gewalt.«
> Friedrich Wilhelm II.

Die Umbettung der Särge von Friedrich Wilhelm I. und Friedrich II. am 17. August 1991

46 Weshalb gleicht Friedrichs Grab oftmals einem Kartoffelacker?

Weil Friedrich die Kartoffel in Preußen eingeführt hat, und zwar per Dekret und mithilfe seiner Soldaten. Allein deshalb hätte er seinen Beinamen »der Große« verdient. Statt Blumen legen Verehrer des Königs deshalb gern Kartoffeln auf die schlichte Grabplatte in Sanssouci.

1756 erklärte der König in einer »Circular-Ordre« die Kultivierung der Kartoffel zur Bauernpflicht: »Die Anpflanzung der sogenannten Tartoffeln als ein nützliches und so wohl für Menschen, als Vieh auf sehr vielfache Art dienliches Erd Gewächs (wird) ernstlich befohlen.« Schon 1745 hatte der König angewiesen, dass zehn Prozent der Nutzfläche eines Bauern mit Kartoffeln zu bebauen seien. Friedrich hatte sich davon überzeugen lassen, dass die Kartoffel nahrhaft ist, keine hohen Ansprüche an den Boden stellt und Nässe besser verträgt als Getreide. Sogar zu einer List soll der König gegriffen haben, um die Kartoffel in seinem Volk durchzusetzen: Er ließ Kartoffelfelder von seinen Soldaten bewachen, die dann aber nicht hinschauten, wenn Bauern sich die Frucht näher besahen und stahlen. Die preußischen Bauern folgten dem Edikt dennoch zögernd und misstrauisch. Allerdings trugen die Hungersnöte von 1770 und 1771 dazu bei, die »Knolle« dann doch durchzusetzen. In der Order des Königs hieß es auch: »Übrigens müsst ihr

Friedrichs Grab neben Schloss Sanssouci

Der König inspiziert die Kartoffelernte, von Robert Warthmüller, 1886

es beym bloßen Bekanntwerden der Instruction nicht bewenden, sondern durch die Land-Dragoner und andere Creißbediente anfang May revidieren lassen, ob auch Fleiß bey der Anpflantzung gebraucht worden.«

Kartoffelanbau per Verordnung hat es übrigens nicht nur in Preußen gegeben. Aber dort war die Frucht schließlich derart verbreitet, dass man heute meinen könnte, sie stamme von dort her. Schon der Große Kurfürst hatte Kartoffeln ziehen lassen, allerdings wegen der schönen Blüten und deshalb auch im Lustgarten. Als Nutzpflanzen im großen Stil gezogen wurde sie erstmals von einem Gutsbesitzer in Hohenfinow in Ostbrandenburg.

Der König hat die Landwirtschaft generell gefördert, nicht nur den Ackerbau. Von 1756 bis zur Jahrhundertwende verdoppelte sich in Preußen der Viehbestand. Es stand deutlich mehr Milchvieh auf der Weide, und die Schafzucht nahm einen Aufschwung. Schon 1748 hatte der König spanische Merinoschafe einführen lassen, um die Wollproduktion im Land zu fördern. Auch die Seidenraupenzucht versuchte er einzuführen, allerdings ohne Erfolg. Vor allem das Beharrungsvermögen der Landbevölkerung führte dazu, dass Friedrichs Nachfolger diese Projekte nicht weiterverfolgte.

Friedrich bekundete 1763 auch die Absicht, »ohne das geringste raisonniren alle Leibeigenschaften sowohl in Königlichen, Adeligen als Stadt-Eigenthums-Dörfern gänzlich« abzuschaffen. Letztendlich wurde die Leibeigenschaft zwar gemildert, aber nicht abgeschafft. Zur Agrarpolitik des Königs gehörte es auch, die Dreifelderwirtschaft so zu verändern, dass die Brache für Viehfutter genutzt wurde. Das Hauptverdienst des Königs aber bleibt es, durch Entwässerung großer Gebiete fruchtbares Land gewonnen zu haben, auf dem neue Bauernstellen geschaffen werden konnten. Über die Siedler hieß es: »Die erste Generation arbeitet sich tot, die zweite leidet Not, die dritte findet ihr Brot.«

»Man muss die Bauern aber daran hindern, Land von den Adligen zu kaufen, und den Adligen ist das Bauernlegen zu verwehren, weil die Bauern nicht als Offiziere in der Armee dienen können, und die Adligen, wenn sie auf dem Bauernland Vorwerke gründen, die Zahl der Einwohner und der Ackerbau Treibenden verkleinern würden.«
Friedrich II. in seinem *Politischen Testament*, 1752

Friedrich der Große – und wer kam danach?

Auf Friedrich II. folgte sein Neffe Friedrich Wilhelm II. Er war ein Sohn des früh verstorbenen Bruders August Wilhelm, der eigentlich für die Thronfolge vorgesehen war. Friedrich hielt nichts von ihm. Friedrich Wilhelm II. galt schon zu Lebzeiten als »der dicke Lüderjahn« oder nur als »der Dicke«.

Friedrich blieb kinderlos. Die Thronfolge bestimmte deshalb seinen Bruder August Wilhelm zum Thronfolger. Der aber starb nach dem Bruch mit Friedrich schon 1758, also noch während des Siebenjährigen Kriegs. Die Thronfolge ging nun direkt auf dessen Sohn Friedrich Wilhelm über. Friedrichs Neffe kam schon mit drei Jahren in das Berliner Schloss und wurde auf seine künftige Aufgabe vorbereitet. Friedrich hielt nichts von ihm: »Dieser ist der plumpeste Tölpel, den Sie sich vorstellen können. Er hat weder von der Gestalt noch vom Geist seines Vaters etwas. Ungeschickt in allem, was er tut, ungehobelt, halsstarrig, ein Wüstling, verdorben in seinen Sitten, töricht und widerwärtig, das ist er, nach der Natur gemalt.«

Konflikte zwischen Friedrich und seinem Neffen gab es viele, so bei der Auswahl der Lehrer und vor allem bei der Auswahl der Braut. Friedrich verheiratete ihn mit Elisabeth Christine (1746–1840) aus dem Hause Lüneburg. Friedrich Wilhelm mochte die Frau nicht, dafür aber Wilhelmine Encke (1753–1820), die Tochter eines Musikers, den Friedrich der Große 1763 in die Hofkapelle berufen hatte. Einen Seitensprung seiner Ehefrau bestrafte der künftige König hingegen erbarmungslos mit Scheidung. Neue Ehefrau wurde Prinzessin Friederike Luise von Hessen-Darmstadt (1751–1805). Sie brachte den Thronfolger Friedrich Wilhelm III. zur Welt, der dann der Ehemann von Luise (1776–1810) wurde, der berühmtesten preußischen Königin, die aus dem Hause Mecklenburg-Strelitz stammte.

Friedrich Wilhelm hatte als Thronfolger viel unter seinem königlichen Onkel zu leiden. Der Gegensatz war schon ein äußerlicher: Friedrich der Große war klein und von zartem Körperbau, Friedrich Wilhelm war hochgewachsen und neigte zur Fülle. Seine Biografen wunderten sich, dass er trotz aller Qual und Zurücksetzung als »weitgehend intakte Persönlichkeit auf den Thron kam«, die immer noch ihren eigenen Willen hatte und Entscheidungsfreude zeigte.

Friedrich Wilhelm II., 1792, von Anton Graff

Friedrich Wilhelm III. mit Königin Luise, 1799, von Friedrich Georg Weitsch

Friedrich Wilhelm II. ist vorgeworfen worden, nicht nur den letzten Willen seines Vorgängers missachtet, sondern auch Erinnerungen an diesen getilgt zu haben. So hatte er etwa die Möbel aus dessen Schlafzimmer in Sanssouci entfernen lassen. Allerdings dürfte nicht Bilderstürmerei der Grund gewesen sein, sondern der Zustand von Zimmer und Mobiliar. Friedrich hatte sich seit dem Siebenjährigen Krieg immer mehr vernachlässigt. So steht zu vermuten, dass das Mobiliar abgewohnt und das Bett zerschlissen war. Das Zimmer musste ganz einfach renoviert werden.

Wie auch immer, bis heute gilt in der preußischen Geschichtsschreibung die Regierungszeit Friedrich Wilhelms II. als Phase der Dekadenz. Das ist ungerecht. Aus dem Schatten seines großen Vorgängers konnte Friedrich Wilhelm allerdings nie heraustreten. Dafür war er auch viel zu sehr mit den schönen Seiten des Lebens beschäftigt.

»Der König vereinigte mit einem starken, durch Studium der Geschichte bereicherten Gedächtnis einen richtigen Verstand und einen edlen, wohlwollenden Charakter, ein lebhaftes Gefühl seiner Würde; diese guten Eigenschaften verdunkelte Sinnlichkeit, die ihn von seinen Mätressen abhängig machte, Hang zum Wunderbaren, zur Geisterseherei, wodurch mittelmäßig schlaue Menschen ihn beherrschten, und Mangel an Beharrlichkeit.«
Heinrich Friedrich Karl von und zum Stein über Friedrich Wilhelm II.

Was hat das Attentat auf Adolf Hitler am 20. Juli 1944 mit Preußen zu tun?

Die Verschwörer vom 20. Juli fühlten sich sicherlich als Preußen. Viele von ihnen kamen auch aus preußischen Traditionsfamilien. Aber um Preußen ging es ihnen bestenfalls am Rande. Schon gar nicht wollten sie das eben untergegangene Preußen wiederherstellen. Es ging um Deutschland.

Allerdings hat es in friderizianischer Zeit in gewisser Weise ein Vorbild moralischen Handelns gegeben. Im Siebenjährigen Krieg hatte der König seinem Offizier Johann Friedrich Adolf von der Marwitz (1732–1781) befohlen, als Rache für die Plünderung von Schloss Charlottenburg in Berlin Schloss Hubertusburg in Sachsen zu plündern. Marwitz weigerte sich mit den Worten, das »würde sich allenfalls für Offiziere eines Freibataillons schicken, nicht aber für den Kommandeur Seiner Majestät Gendarmes«. Friedrich entließ Marwitz. Auf dessen Grabstein in Friedersdorf, dem marwitzschen Gut, ist zu lesen: »Wählte Ungnade, wo Gehorsam nicht Ehre brachte.«

Anlässlich der Einberufung des neuen Reichstags 1933 verneigt sich der Reichskanzler Adolf Hitler vor Reichspräsident Paul von Hindenburg und gibt ihm die Hand.

»Niemand wird Preuße denn aus Not. Ist er's geworden, dankt er Gott.«
Reim aus dem 18. Jahrhundert

Adolf Hitler (1889–1945) war sich der Symbolik bewusst, die noch immer mit Preußen, Friedrich dem Großen und den großen Namen aus dem preußischen Adel verbunden war. Deshalb gab es den »Tag von Potsdam« am 21. März 1933. Anlass war die Eröffnung des Reichstags in der Potsdamer Garnisonkirche. Hitler verbeugte sich vor dem Reichspräsidenten und besiegelte auf diese Weise gleichsam den Bund zwischen dem Nationalsozialismus und dem alten Preußen. Hitler wusste, dass er sich mit dieser Geste gegenüber Hindenburg der Loyalität derer versichern konnte, denen preußische Werte und Tugenden noch etwas bedeuteten. Zunächst stand der preußische Adel zu einem großen Teil an der Seite Hitlers, hatte hohe Offiziersränge in der Wehrmacht, mitunter aber auch in SA und SS inne. Das änderte sich erst im Zweiten Weltkrieg, als Hitler dem Adel immer misstrauischer gegenüberstand und ihn monarchistischer Tendenzen verdächtigte. Als dann auch noch die Erfolge ausblieben und sich die militärische Niederlage abzeichnete, regte sich der Widerstand, vor allem im Kreis um den späteren Hitlerattentäter Claus Schenk von Stauffenberg (1907–1944), aber auch im Kreisauer Kreis um Hellmuth James Graf von Moltke (1907–1945). Preußen war auch für diese Männer Geschichte. Es ging ihnen darum, den Krieg zu beenden und Deutschland vor der Zerstörung zu retten.

Briefmarke zur Eröffnung des Deutschen Reichstags 1933

Eher waren es die Nationalsozialisten, die sich selbst in die preußische Tradition stellten und Friedrich den Großen für sich vereinnahmten. Dass dessen Standhaftigkeit in schwierigster militärischer Lage letztlich zum Sieg geführt hatte, motivierte sie zu immer neuen Durchhalteparolen. Joseph Goebbels (1897–1945) soll noch im Bunker der Reichskanzlei nach dem Tod des amerikanischen Präsidenten Franklin D. Roosevelt (1882–1945) Hitler aus Thomas Carlyles *Geschichte Friedrichs des Großen* vorgelesen haben, und zwar aus dem Kapitel, das die Rettung Preußens durch den Tod von Zarin Elisabeth schildert.

All das wirkte nach in der unmittelbaren Nachkriegsgeschichte. So forderte etwa ein hessischer Kultusminister, dass mit einer Geschichtsauffassung Schluss gemacht werden müsse, die in Friedrich dem Großen und Hindenburg große Helden der deutschen Geschichte sieht. Als der SPD-Politiker Helmut Schmidt 1969 Bundesverteidigungsminister wurde, ließ er eine Büste Friedrichs aus dem Besprechungszimmer entfernen. Erst seit der großen Preußenausstellung 1981 in Berlin änderte sich das Bild.

Stauffenberggedenktafel in Bamberg

Weshalb reitet Friedrich seit 1980 wieder Unter den Linden in Berlin?

Preußen und Friedrich spielten in der DDR zunächst bestenfalls als Feindbilder eine Rolle. Ein Wandel setzte Ende der 1970er-Jahre ein. Der SED-Staat, der seine Bewohner faktisch eingesperrt hatte, beschwor auf einmal die Heimat. Dabei wurde Preußen sogar zu einem Vorbild.

Die Bundesrepublik war in gewisser Weise eine rheinische Gründung, symbolisiert durch die Hauptstadt Bonn. Zur DDR aber gehörte das preußische Erbe in Form etwa des Forums Fridericianum in Berlin sowie der Bauten in Potsdam, Neuruppin und Rheinsberg. Der SED-Staat versuchte zunächst, sich auf radikale Weise des Erbes zu entledigen, indem er die Stadtschlösser von Berlin 1950 und Potsdam 1959 abreißen und 1968 den Turm der Garnisonkirche sprengen ließ. Nur gewisse militärische Traditionen, besonders solche aus den Befreiungskriegen, wurden gepflegt. Dafür stand die Wachablösung im Stechschritt vor der von Friedrich Schinkel (1781–1841) entworfenen Neuen Wache in Berlin.

Ein Wandel setzte Ende der 1970er-Jahre ein. Preußen wurde sogar zu einer Art Vorbild, weil es praktisch aus dem Nichts einen prosperierenden

> **Rauchs Reiterstandbild**
> des großen Königs besteht aus Bronze und wurde 1851 Unter den Linden aufgestellt. Es gilt als eine der bedeutendsten Skulpturen des 19. Jahrhunderts und markiert den Übergang zu einer realistischen Darstellung in der Bildhauerei. Der Richtung Osten blickende Friedrich steht auf einem hohen Sockel, auf dem 74 Männer dargestellt sind, davon 21 als lebensgroße Vollplastiken. Es sind vor allem bedeutende Zeitgenossen der Ära Friedrichs wie seine Generäle, dazu Geistesgrößen jener Zeit wie Kant und Lessing. Genau 100 Jahre später wurde die Plastik entfernt und nach Potsdam gebracht. Nur durch Zufall wurde das Standbild nicht verschrottet oder eingeschmolzen. Zunächst lag es versteckt in einem Verschlag, dann wurde es immerhin im Park von Sanssouci gezeigt, bevor es 1980 an den alten Standort zurückkehrte.

Reiterstandbild Friedrichs Unter den Linden, von Christian Daniel Rauch, 1851

Staat geschaffen hatte. Die DDR-Führung hätte hier gern Parallelen zur eigenen Aufbauarbeit gezogen. Und schließlich ging es auch darum, dem »Klassenfeind« ein Thema wegzunehmen. Das spielte vor allem 1986 eine große Rolle, dem 200. Todestag Friedrichs, aber auch bei der 750-Jahr-Feier von Berlin 1987.

Es passierte dann, was in der DDR so oft zu beobachten war: Was eben noch verschwiegen oder verpönt wurde, war auf einmal überall präsent. 1979 erschien die Friedrich-Biografie von Ingrid Mittenzwei, in der Sätze standen, die bis dahin undenkbar gewesen wären: »Preußen ist Teil unserer Vergangenheit.« 1980 wurde das Reiterstandbild Friedrichs von Christian Daniel Rauch wieder Unter den Linden aufgestellt. Das DDR-Fernsehen zeigte den aufwendig produzierten Film *Sachsens Glanz und Preußens Gloria*. Schriftsteller wie Heinz Knobloch (1926–2003) und Günter de Bruyn widmeten sich dem alten Preußen. In den Theatern der DDR lief mit großem Erfolg das Lustspiel *Die Preußen kommen*, bei dem Friedrich die Hauptrolle zufiel und in der Schlussszene Bismarck auftrat. Darüber wurde gelacht, weil es unwahrscheinlich erschien, dass sich die DDR auch noch dem Reichsgründer zuwenden könnte. 1985 aber legte Ernst Engelberg (1909–2010) den ersten Band seiner Bismarck-Biografie vor, eine Darstellung aus marxistischer Sicht natürlich, aber noch heute lesenswert. Der zweite Band fiel schon in die Zeit des Untergangs der DDR.

Seit 1990 ist die Beschäftigung mit Friedrich und Preußen nicht mehr mit ideologischen Ressentiments belastet. Berlin, Potsdam und Rheinsberg sind wieder als preußische und friderizianische Orte zu erleben.

50 Auf welche Weise prägt Friedrich noch heute unseren Alltag?

Zunächst: Er begegnet uns noch häufig. Sanssouci wird von Millionen Menschen besucht. Friedrich reitet Unter den Linden in Berlin. Es gibt zahlreiche Denkmale von ihm. Er ist eine Figur der Geschichte, die jeder kennt. Wer an Preußen denkt, denkt zuerst an den »Alten Fritz«.

Friedrich der Große hatte maßgeblich Anteil an jener einzigartigen Kulturlandschaft, die seit Dezember 1990 als Weltkulturerbe gilt – den Schlössern und Parks entlang der Havel. Die 1995 per Staatsvertrag zwischen Berlin und Brandenburg gegründete Stiftung Preußische Schlösser und Gärten verwaltet 13 dieser Schlösser. Die meisten sind inzwischen restauriert und als Museen erlebbar. Nicht nur Sanssouci lohnt den Besuch, sondern ebenso jene Häuser in der Umgebung von Berlin, die ebenfalls mit Friedrich verbunden sind wie etwa Rheinsberg oder Königs Wusterhausen. Seit 1957 gibt es auch die Stiftung Preußischer Kulturbesitz, eine der größten Kultureinrichtungen weltweit. Zu ihr gehören unter anderem die Staatlichen Museen zu Berlin, die Staatsbibliothek zu Berlin und das Geheime Staatsarchiv Preußischer Kulturbesitz. Die Idee für eine solche Stiftung geht im Grunde genommen schon auf Wilhelm (1767–1835) und Alexander von Humboldt (1769–1859) zurück.

Der Name Preußen begegnet uns noch heute überall, in Ortsnamen, im Sport und bei Studentenverbindungen. Charles de Gaulle (1890–1970), der französische Staatspräsident, erklärte nach dem Ende des Zweiten Weltkriegs: »Ohne Preußen ist Deutschland kein Staat.« Walther Rathenau (1867–1922) sagte einst: »Vergleicht das Heilige Römische Reich und das Deutsche Reich: Was bleibt? Preußen. Vergleicht Österreich und Deutschland: Was bleibt? Preußen. Zieht Preußen von Deutschland ab: Was bleibt? Der Rheinbund. Ein verlängertes Österreich. Eine klerikale Republik.«

Tatsächlich sind viele Elemente des preußischen Staates auch in der Bundespolitik präsent. Der Bundesrat sitzt im alten Preußischen Herrenhaus. Die Bundeswehr verwendet das Eiserne Kreuz. Politische Institutionen wie Ministerpräsident, Regierungsbezirk, Landrat, Kreis und Amt gehen auf Preußen und Friedrich zurück. Das *Bürgerliche Gesetzbuch* hat seinen Vorläufer im *Allgemeinen Landrecht*, das unter Friedrich erarbeitet wurde. Die Union Evangelischer Kirchen ist hervorgegangen aus einem Kirchenbund der altpreußischen evangelischen Landeskirchen.

> »Sie sind der Sieger über den Aberglauben, wie über ihre Feinde, der Rückhalt der germanischen Freiheit.«
> Voltaire an Friedrich II.

Andy Warhols Gemälde *Friedrich der Große* von 1986, anlässlich des Preußenjahres 2001 im Schloss Sanssouci

Preußische Errungenschaften sind die Einführung der Schulpflicht, die Toleranz gegenüber anderen Religionen, die Aufnahme von Glaubensflüchtlingen und die Rechtsgleichheit vor dem Gesetz. Schwieriger wird es mit den viel beschworenen preußischen Tugenden wie Fleiß, Pünktlichkeit, Sparsamkeit und Zuverlässigkeit, den so genannten Sekundärtugenden. Sebastian Haffner (1907–1999) schrieb dazu: »Pflichterfüllung war in Preußen das erste und oberste Gebot und zugleich die ganze Rechtfertigungslehre: Wer seine Pflicht tat, sündigte nicht. Mochte er tun, was er wollte.« Erst Hitler habe gezeigt, wo die Grenzen solcher Pflichtreligion liegen.

Aber eigentlich besteht der viel beschworene preußische Geist, die protestantische Ethik der Verantwortung, aus bürgerlichen Tugenden – nur dass sie in Preußen von oben verordnet wurden. Preußen, das war vor allem der allumfassende Staat, und der Glaube an den Staat ist bis heute auch in der Bundesrepublik so tief verwurzelt, dass es der Gesellschaft manchmal an Elan, Unternehmertum und Durchsetzungskraft aus sich selbst heraus mangelt.

Und der König? Zwar war Friedrich noch immer ein Repräsentant des klassischen Absolutismus, aber er sah sich nicht mehr als Verkörperung des Staates selbst wie noch der französische König Ludwig XIV., sondern als des Staates erster Diener. Sein Ziel war die Wohlfahrt des Landes und der Weg dorthin nüchterne und kalkulierbare Politik, aufgeklärte Rationalität. Friedrich kannte keinen Eigennutz. So sollte sich auch heute Politik verstehen. Faszinierend sind zudem seine umfassende Bildung, seine vielseitigen

> »Es ist Pflicht jedes guten Staatsbürgers, seinem Vaterlande zu dienen, zu bedenken, dass er nicht für sich allein auf der Welt ist, sondern für das Wohl der Gesellschaft zu arbeiten hat, in die ihn die Natur gestellt hat.«
> Friedrich II. in seinem *Politischen Testament*, 1768

Interessen, seine imponierende Menschenkenntnis, seine lebenskluge Art, Freundschaften zu pflegen, schließlich auch sein physisches Leistungsvermögen, kurzum: sein Genie.

Dass der Alte Fritz noch immer die Gemüter bewegt, ist an den vielen neuen Biografien über den König erkennbar. Und die alten Werke werden immer wieder aufgelegt. Andere Bücher würdigen seinen Humor, seine Küche, seine Bauten und Hunde, ja sogar die Irrtümer, die über ihn im Umlauf sind. Der Alte Fritz ziert Dosen, Torten, Lesezeichen und Krawatten. Seine Musik ist auf Tonträgern zu haben. Er ist das, was man heute eine Marke nennt. Er erscheint uns als eine derart skurrile Gestalt, dass sie noch viele folgende Generationen anregen dürfte. Heute können wir ihn von Herzen liebenswürdig und bemerkenswert finden – wir stehen ja nicht mehr unter seiner Knute.

Schwarzer Adlerorden

Der Hohe Orden vom Schwarzen Adler, der stets an Friedrichs Brust zu sehen war, galt als höchster preußischer Orden. Gestiftet wurde er von Kurfürst Friedrich III. von Brandenburg – einen Tag bevor er sich zum König Friedrich I. krönte. Der Schwarze Adlerorden war zunächst ein Ritterorden mit begrenzter Mitgliederzahl. Das Ordenszeichen ist ein blau emailliertes Malteserkreuz mit schwarzen gekrönten Adlern in den Kreuzwinkeln. In der Mitte befindet sich in einem goldenen Medaillon das verschlungene Monogramm des Stifters, etwa FR für Fridericus Rex. Das Medaillon des achtstrahligen silbernen Ordenssterns zeigt den schwarzen preußischen Adler auf orangefarbenem Grund und das Motto der Hohenzollern »Suum cuique« (»Jedem das Seine«) sowie einen Lorbeerzweig. Der Orden musste täglich getragen werden. Bis zur Mitte des 19. Jahrhunderts war der Ordensstern gestickt und wurde an die Uniform genäht. Von 1810 an wurden die Ordenssterne aus Metall verliehen. Heute ist der Ordensstern das Symbol der Feldjäger der Bundeswehr. Er soll an die Gründung des Feldjägerkorps durch Friedrich II. 1740 erinnern. General Ernst Ludwig von Pfuhl (1716–1798) war 1786 der letzte Ordensritter, den Friedrich selbst auszeichnete – mit den Worten: »Meinem lieben und ehrlichen Pfuhl«. Seit 1918 wird der Orden nur noch inoffiziell an Mitglieder des Hauses Preußen verliehen.

Marmorbüste Friedrichs II. von Joseph Uphus, 1906

Bildnachweis

Archiv Bucher Verlag: Umschlagabbildungen Vorder- und Rückseite klein, S. 13, 15, 16, 24, 29, 37–39, 42, 43, 45, 47, 59, 62 rechts, 64, 67, 69, 71, 77, 97, 102, 109, 120, 125, 128, 132/133, 135; Bernhardt Dietrich: S. 128. Alle folgenden Bilder wurden über die dpa Picture-Alliance GmbH, Frankfurt bezogen: Archiv für Kunst und Geschichte (akg-images): Umschlagabbildung Vorderseite groß, S. 6, 12, 14, 22, 23, 25– 28, 31, 32, 34, 40, 41, 44, 49–51, 53, 57, 58, 60, 61, 62 links, 68, 73, 75, 79, 80, 83–86, 88, 91–93, 59, 99, 100, 103, 105, 106, 108, 110, 111, 113, 116, 117, 118, 121, 123, 126, 127 (Erich Lessing), 134, 137; bifab/EW: S. 56; dpa: S. 129 (Andreas Altwein), 130 (Beate Schleep); dpa-Zentralbild: S. 10/11 (Patrick Pleul); S. 65 (Andrea Engelhardt), 94 (Klaus Franke), 101/109 (Bernd Settnik), 139/141 (Nestor Bachmann); Judaica-Sammlung Richter: S. 19, 20, 35, 55, 87, 114; OKAPIA: S. 72 (Gert Schütze); picture alliance: S. 56; SCHROEWIG: S. 17 (Eva Oertwig); Tagesspiegel: S. 46 (Thilo Rückeis)

Der Verlag hat sich bemüht, die Rechteinhaber aller Abbildungen korrekt anzugeben, und bittet, mögliche Falschangaben zu entschuldigen.

Frank Pergande, Jahrgang 1958, ist Politikredakteur der Frankfurter Allgemeinen Zeitung und derzeit als Korrespondent für die Bundesländer Hamburg, Schleswig-Holstein und Mecklenburg-Vorpommern tätig. An der Politik interessieren ihn vor allem die Politiker.

Impressum

© 2011 Bucher Verlag, München
Alle Rechte vorbehalten

www.bucher-verlag.de

Produktmanagement: Dorothea Teubner, Stefan Mayr
Redaktion, Satz und Gestaltung: VerlagsService Dr. Helmut Neuberger & Karl Schaumann GmbH, München
Gestaltung Umschlag: Studio Schübel Werbeagentur GmbH, München
Lithografie: Repro Ludwig, Zell am See
Herstellung: Bettina Schippel
Druck und Bindung: Printer Trento S.r.l.

Bibliografische Angaben der Deutschen Nationalbibliothek
Die deutsche Nationalbibliothek verzeichnet diese Publikation in der Deutschen Nationalbiografie; detaillierte bibliografische Daten sind im Internet über http://dnb.d-nb.de abrufbar.

ISBN 978-3-7658-1831-8